Vorwort

AF194578

Liebe Leser,

mein Name ist Wolfgang Pade und Reisen ist meine große
Leidenschaft, bereits mit vierzehn Jahren reiste ich, mit
gleichaltrigen Freunden, allein durch Europa, mit sechzehn
waren alle Länder Europas und Nordafrikas mehrfach besucht.

Egal ob mit dem Zug, Bus, Auto, Motorrad, Flugzeug,
Schiff, Segelboot oder Kreuzfahrtschiff, ich wollte hinaus
in die Welt, um mir diese anzuschauen, es spielte für mich
keine Rolle ob ich im Zelt, einem fünf Sterne Hotel oder
auf einem Segelboot, bzw. Kreuzfahrtschiff nächtigte.

Erleben wie es wo anders auf der Welt zu geht, Landschaften
bestaunen, Tiere beobachten und Menschen kennenlernen,
so wie deren Gebräuche, Kulturen und Lebensart zu erkunden.
Das faszinierte mich schon mein ganzes Leben lang, das war
meine Motivation, mein Antrieb, so bereiste ich inzwischen
alle Kontinente, viele ferne Länder, mit fremdartigen Kulturen,
gänzlich anderen Glaubensrichtungen, anderen Lebens-
einstellungen, so wie auch mit deutlich unterschiedlichen,
aber interessanten Essgewohnheiten.

Inzwischen bin ich etwas älter geworden und arbeite
als Ingenieur in einem großen Konzern. Seit dem sieben-
undzwanzigsten Lebensjahr bin ich mit meiner Frau
Silvia verheiratet, gemeinsam haben wir zwei Söhne.

Hier wird unsere hundertacht tägige Weltreise beschrieben.
Mit dem Kreuzfahrtschiff reisen wir westwärts um unseren
blauen Planeten und besuchen einige der schönsten Orte
unserer Erde.

Meistens sind wir über Nacht auf den Meeren unterwegs u.
schauen uns am Tage die schönen Orte, Landschaften, oder
Inseln an. Oftmals sind wir sogar zwei Tage und Nächte im
Zielhafen, so dass wir ausgiebig Zeit haben alles Sehenswerte
zu besuchen und zu besichtigen. Da bleibt sogar genug Zeit
weite Inlandsausflüge zu unternehmen.

In Italien starten wir unsere Kreuzfahrt, fahren durch
das Mittelmeer, dabei stoppen wir in Frankreich, Spanien,
Marokko und den Kapverdischen Inseln. Danach überqueren
wir den Atlantischen Ozean und fahren komplett um Südamerika, mit vielen Besichtigungen in Brasilien, Uruguay,
Argentinien und Chile. Der südlichste Punkt ist Kap Horn, den
wir komplett umschiffen. . Um die atemberaubenden Gletscher
zu bestaunen fahren wir durch die berühmten Kanäle des
Feuerlandes. Auf der Westseite von Südamerika steuern wir
wieder Richtung Norden, an dem langen Land Chile entlang.
Nachdem wir Valparaiso in Chile verlassen, navigieren wir
durch den Pazifischen Ozean zu den Osterinseln, Pitcairn-
Inseln, Papeete, Moorea, Bora Bora und Nuku'alofa. Danach
besuchen wir Neuseeland, das südliche Australien, Sri-Lanka
und durchqueren den Indischen Ozean nach Indien, VAE, und
den Oman. Durchkreuzen das Rote Meer nach Jordanien, um
anschließend durch den Suezkanal wieder in das Mittelmeer
nach Griechenland und Italien zu fahren, um die Weltreise dort
zu beenden. Dieser Reisebericht enthält 19 Farbseiten. Ich
hoffe sie haben Interesse bekommen und möchten mein Buch
lesen, dazu wünsche ich viel Freude.

Wolfgang Hans Werner Pade

Weltreise
Schöner blauer Planet

Reiseverlauf

Savona / Italien
Marseille / Frankreich
Barcelona / Spanien
Casablanca / Marokko
Mindelo / Kapverdische Inseln
Recife / Brasilien
Salvador de Bahia / Brasilien
Rio de Janeiro / Brasilien
Punta del Este / Uruguay
Buenos Aires / Argentinien
Montevideo / Uruguay
Puerto Madryn / Argentinien
Kap Horn / Passage
Ushuaia / Argentinien
Chilenische Fjorde / Passage
Punta Arenas / Chile
Amalia-Gletscher / Passage
Puerto Chacabuco / Chile
Puerto Montt / Chile
Valparaiso / Chile

Hangaroa / Osterinsel
Pitcairn-Inseln / Passage
Moorea / Franz. Polynesien
Papeete / Fr. Polynesien
Bora Bora / Franz. Polyn.
Nuku'alofa / Tonga / Südsee
Auckland / Neuseeland
Sydney / Australien
Melbourne / Australien
Fremantle + Perth / Austr.
Colombo / Sri Lanka
Kochi / Indien
Mormugao / Indien
Mumbai / Indien
Dubai / VAE
Muscat / Oman
Salalah / Oman
Aqaba / Jordanien
Kreta / Griechenland
Civitavecchia + Rom / Ital.
Savona / Italien

Autor: Wolfgang Hans Werner Pade

FSC
www.fsc.org

MIX

Papier aus ver-
antwortungsvollen
Quellen
Paper from
responsible sources

FSC® C105338

Bibliografische Information der Deutschen Nationalbibliothek:
Die Deutsche Nationalbibliothek verzeichnet diese Publikation
in der Deutschen Nationalbibliografie; detaillierte bibliografische
Daten sind im Internet über http://dnb.dnb.de abrufbar.

Weltreise
Schöner blauer Planet

Herstellung und Verlag:
BoD-Books on Demand, Norderstedt
ISBN: 9783754326350

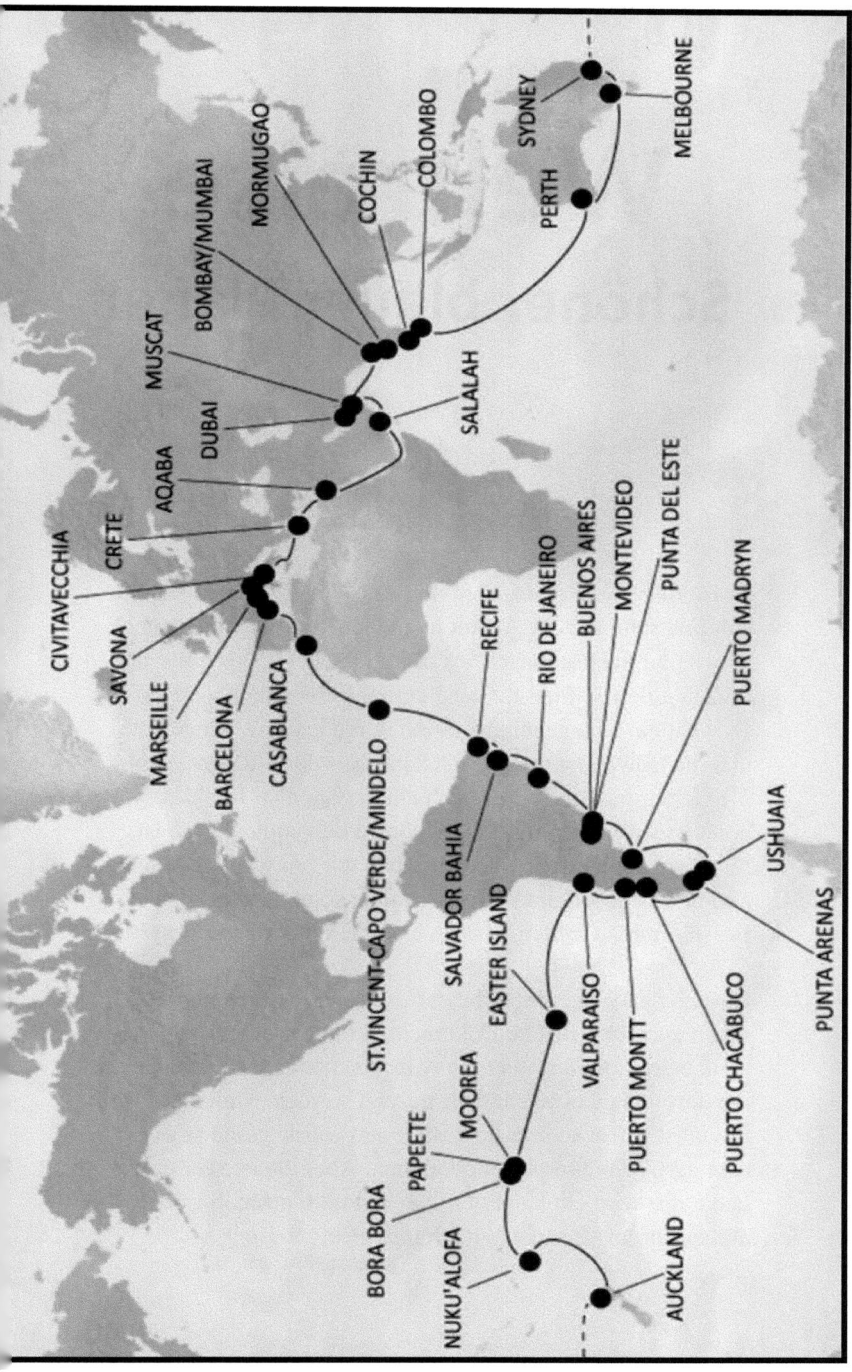

Weltreise

Schöner blauer Planet

Es ist kurz vor Weihnachten und das Wetter ist unangenehm kalt und schmuddelig, damit meine ich, das wir Bodennebel haben und Schneematsch auf der Straße liegt. Das gestreute Salz taut den Schnee auf der Fahrbahn nur schleppend auf. Es weht ein unangenehmer Wind durch unser Wohngebiet und die Bewohner trauen sich kaum aus den Häusern, weil die Gefahr auszurutschen, sich einen grippalen Infekt zu holen, oder einfach nur kalte Füße zu bekommen, groß ist. So sitzen die meisten Nachbarn, wie wir, im warmen Wohnzimmer, langweilen sich und schauen ab und zu aus dem Fenster, um zu prüfen, ob sich eventuell das Wetter bessert.

Da sich das Wetter nicht bessert, schauen wir uns im Fernsehen eine fantastische Dokumentation über eine Weltreise an u. begeistern uns über die wunderschönen Filmaufnahmen, die dort von einer Kreuzfahrt gezeigt werden. Meine Frau Silvia ist sofort so sehr begeistert und würde gerne so eine einzigartige Weltreise unternehmen. Aber die ist sehr teuer und dafür wird ein langer Urlaub benötigt, deshalb ist dies aktuell für uns Berufstätigen leider nicht möglich.

Ein paar Tage später flattert ein Flyer von einer Reederei in unseren Briefkasten und wir waren abermals hoch begeistert von der Route dieser Weltreise, zumal die Kosten zwar hoch, aber nicht ganz unerschwinglich waren. Nach einer langen Diskussion einigten wir uns, dass ich von meinem Langzeitarbeitskonto die fünf Monate nehmen könnte und wir die Agentur der Reederei anriefen , um weitere Punkte abzuklären.

Letztendlich unterzeichneten wir die Verträge und schlossen eine Auslandskrankenversicherung über diese Reisezeit, so wie eine Reiserücktrittsversicherung ab, obwohl diese relativ teuer waren, aber im Krankheitsfall das ganze Geld zu verlieren schien uns zu gefährlich. Lange überlegten wir, wie wir nach Italien mit dem vielen Gepäck kommen sollten, letztendlich war die Lösung der Reisebus der Reederei, was zwar nicht die billigste Variante, aber die sinnvollste und sicherste Lösung im Winter. Weil die Reederei für die Verspätung oder den Ausfall des Busses haftet und uns im Notfall auf eigene Kosten zum Schiff bringt.

Nun hatten wir noch viel Zeit um alles zu organisieren, da waren die ganzen Versicherungen und monatlichen Zahlungen die in einem Haushalt anfallen und automatisiert abgebucht werden mussten, sowie die Impfungen durchzuführen und die Visa zu beantragen, die für einige Länder erforderlich waren, die wir auf der Weltreise besuchen wollten. Für die tägliche Post, die Blumen gießen und die Hausverwaltung fanden wir glücklicherweise auch eine geeignete Person, auf die wir uns verlassen konnten.

Dann kam der Tag X u. wir starteten mit dem großen Gepäck unsere über hundertacht tägige Weltreise, auf der wir immer Richtung Westen fahren und das schöne Sommerwetter genießen können. Unser jüngster Sohn fuhr uns zum Flughafen Stuttgart, weil dort der große Bus der Reederei startete.

Die Vorfreude war riesengroß, einerseits um so eine fantastische Reise anzutreten und all die tollen Städte, Landschaften und Inseln zu sehen, andererseits hatten wir ein wenig Wehmut solange der Heimat fern zu sein, aber die Vorfreude überwog bei Weitem.

Nach einer kurzweiligen Nacht im Reisebus, denn wir konnten trotz allem ganz gut schlafen und waren einigermaßen gut drauf, als wir in Italien im Hafen der Reederei ankamen.

Die Einschiffung der Reederei erfolgte wie sonst auch, jedoch war der Aufwand mit Musik, bunten Luftballons, lustiger Animation und Reportern deutlich höher als sonst.

Es klappte alles ganz fantastisch und wir konnten relativ schnell auf das Schiff, zumal wir bevorzugt behandelt wurden, weil wir schon sehr oft mit dieser Reederei auf den Weltmeeren unterwegs waren.

Auf dem Schiff richteten wir uns häuslich in unserer Kabine ein und konnten sogar noch ein leckeres Mittagessen im Bordrestaurant zu uns nehmen. Danach kam die Seenotrettungsübung, an der alle Gäste teilnehmen mussten. Dazu trafen wir uns auf dem Deck der Rettungsboote und zogen ordnungsgemäß die orangen Rettungswesten an. Es wurden uns wichtige Kommandos und Informationen gegeben, die wir im Notfall zu beachten haben. Anschließend erfolgte die große Begrüßungsparty, auf der es leckere alkoholische Freigetränke und kleine Snacks gab. Die jungen Frauen und Männer der Bordtanzgruppe kamen in knappen und schönen Kostümen, die zusammen mit den Animateuren des Schiffs eine tolle Show hinlegten. Die Passagiere an Bord waren ganz begeistert u. genossen die farbenfrohe, lustige, freche und ein wenig erotische Atmosphäre der Veranstaltung.

Dann legte das Schiff ab und es ertönte ein gewaltiges und dramatisches Abschiedslied aus allen Bordlautsprechern und der Kapitän ließ dreimal ganz lange das tiefe Signalhorn des Kreuzfahrtschiffes ertönen. Natürlich gab es nach dem Abendessen noch ein paar freundliche Begrüßungsworte des Kapitäns und seiner wichtigsten Offiziere und Manager.

Der Morgen startete gut, mit einer erfrischenden Dusche und einer herrlichen Sicht aus unserer Kabine, die sich im obersten Deck des Kreuzfahrtschiffes befindet. Danach gab es ein gutes Frühstück mit Spiegeleiern, Schinken, Käse, dazu italienische Brötchen und der frische Lachs auf einem zweiten Teller schön garniert, dazu einen großen Kaffee, Orangensaft und für den Vitaminhaushalt frische Mangos, Papaya, Pfirsiche und Pampelmusen. So gut gestärkt starteten wir unseren ersten Landgang der Weltreise in Frankreich, der Stadt Marseille.

Mit dem Bus besichtigen wir die wichtigsten Sehenswürdigkeiten der achthundertsechzigtausend Einwohner zählenden Hafenstadt, die schon sechshundert vor Christus gegründet wurde. Unser erstes Tagesziel ist das wunderschöne und imposante Palais Longchamp, welches im Jahre achtzehnhundertzweiundsechzig bis achtzehnhundertneunundsechzig im Stil des Historismus in Marseille gebaut wurde. Dazu fahren wir in den vierten Arrondissement im Quartier des CinqAvenues am nördlichen Ende des Boulevard Longchamp. Das halbrunde u. symmetrische Anwesen mit dem Wasserlauf und dem runden künstlich angelegten Becken ist eine echte Augenweide und perfekt erhalten oder sehr schön renoviert.

Weiter geht die Tour zum Notre-Dame de la Garde, die im Volksmund La Bonne Mere oder "die gute Mutter" genannt wird. Diese weltberühmte und wunderschöne Kirche ist eine Marien-Wallfahrtskirche, die jedes Jahr von zwei Millionen Menschen besucht und bestaunt wird.

Dieses neuromanisch-byzantinische Gotteshaus steht auf einer hunderteinundsechzig Meter hohen Anhöhe und ist ein weithin sichtbares Wahrzeichen dieser Stadt, das alle Seefahrer schon von der Ferne sehen können. Die Kirche wurde nach den Bauplänen von Henri-Jacques Esperandieu gebaut und im Jahre achtzehnhundertvierundsechzig durch den Kurienkardinal Clement Villecourt geweiht, ihre Bauzeit betrug ganze elf Jahre. Erst im Jahre achtzehnhundertneunundsiebzig erhielt das Gotteshaus den Rang einer Basilica minor. Mit der Blattgold überzogenen Marienfigur, die eine Laterne trägt, erreicht der Glockenturm eine Höhe von fünfundsechzig Meter.

Das letzte große Gebäudes, das wir an diesem Tag besichtigen ist die Kathedrale von Marseille Cathedrale Sainte-Marie-Majeure de Marseille, die meistens nur Cathedrale de la Major genannt wird. Die römisch-katholische Bischofskirche wurde achtzehnhundertsechsundneunzig nach vierundvierzig Jahren Bauzeit fertig gestellt und erhielt sofort den Titel einer Basilica minor. Die sehr schöne und monumental wirkende Kirche mit ihren fünf großen Türmen, die mit halbrunden Dächern abschließen, wurden von den Architekten Leon Vaudoyer und Henri-Jacques Esperandieu im neoromanisch-byzantinischen Baustil entworfen und steht am Westrand der Altstadt, oberhalb des Quai de la Joliette.

Auf dem Rückweg schauten wir uns noch die stählerne runde Taucherglocke namens Comex von neunzehnhundertsiebenundsechzig an und bummelten anschließend durch die Altstadt, dabei sahen wir interessante Graffiti an den Wänden, kleine Kirchen und schöne historisch hergerichtete Souvenirläden. Eine lustige Skulptur mit zwei Sumoringern entdeckten wir im Hafen, die einen großen blauen Container hoch stemmten. Das Mittagessen ließen wir heute ausfallen und kamen erst zum Abendessen wieder an Bord des Kreuzfahrtschiffes. Dafür erfreuten wir uns am Dinner u. der Show umso mehr.

Über Nacht fuhren wir nach Barcelona, die kosmopolitische Hauptstadt der spanischen Region Katalonien, in der über eine Million sechshunderttausend Einwohner leben. Bereits vor dem Frühstück lag unser Schiff im Hafen der Weltstadt. Im Kreuzfahrthafen von Barcelona passen viele Kreuzfahrtschiffe hinein, allein der lange Steg, an dem auch wir angelegt haben, kann über vier große Kreuzfahrtschiffe hintereinander aufnehmen. Nur um ein Gefühl dafür zu bekommen, jedes große Kreuzfahrtschiff ist grob zwischen dreihundert bis dreihundertfünfzig Meter lang und davor und dahinter wird zum Einparken und festmachen auch noch Platz benötigt.

Weil das Wetter heute auch wieder so schön wie gestern in Marseille war, beschlossen wir auch hier auf eigene Faust uns die Stadt anzuschauen. Mit dem Bus fuhren wir bis zum Kreuzfahrthafeneingang und liefen durch die historische, aber auch oftmals sehr moderne Stadt Barcelona. Wir schauten uns die berühmte Fußgängerzone Rambla oder Las Ramblas an, auf der einen Kilometer und dreihundert Meter langen Zone, die rechts und links mit Geschäften, Kneipen und Boutiquen aneinander gereiht sind. Des Weiteren sind viele kleine fest installierte Verkaufskioske mit Zeitungen, Spielsachen, Eis, Souvenirs, Blumen, Tieren u. Sitzgruppen für die Restaurants direkt auf der Fußgängerzone platziert. Auf der linken Seite besichtigen wir die über hundert Jahre alte Markthalle, in der es spanische Spezialitäten, wie z.B. Serrano Schinken, Fleisch, Fisch, Wurst und Käse, so wie Obst in allen Varianten und Formen, oder Süßigkeiten für die Kinder und Erwachsenen lecker präsentiert wird. Gegenüber ist das Erotikmuseum und auf dem ganzen Platz sind Straßenkünstler zu sehen. Ganz in der Nähe ist auch das Hard Rock Cafe Barcelona. Wir laufen bis zur U-Bahnstation und fahren zur Haltestelle der imposanten Kirche Sagrada Familia, um dort die vom Papst Benedikt XVI geweihte Kirche, die zugleich zur Basilica minor erhoben wurde, zu besichtigen.

Im Anschluss laufen wir um diese filigrane Kirche und in den Park auf der Rückseite. Teile der Kirche Sagrada Familia, so wie viele Werke von dem Künstler Antoni Gaudi, die in der ganzen Stadt zu finden sind, wurden bereits in die Liste des UNESCO Weltkulturerbes aufgenommen. Auf unserem Rückweg schauen wir uns noch die alte Hafen-Seilbahn, die eines der Wahrzeichen der Stadt ist, und die vielen schönen und gut erhaltenen historischen Bauwerke bzw. Denkmäler an. Barcelona bietet aber auch viele moderne Gebäude, um nur einen zu nennen, das man nicht übersehen kann, sei der Torre Glories oder Glories-Turm genannt. Das gewaltige Bürogebäude aus Stahl und Glas ist mit zweiunddreißig Stockwerken und mit einer Nutzfläche von neununddreißig-tausend Quadratmetern Fläche, so wie einer Bauhöhe von hundertzweiundvierzig Metern ein gewaltiges und modernes Bauwerk, das die Stadt aufwertet.

Nach unserer großen Runde, weitgehend zu Fuß, haben wir richtig Hunger und Durst bekommen. Da wir das Mittagessen auf dem Kreuzfahrtschiff terminlich wieder nicht geschafft hatten, begnügen wir uns vor dem Abendessen mit einem kühlen und frisch gezapften Bier an Deck unseres Schiffes.

Der nächste Tag verläuft ganz entspannt auf See und wir wechseln ab zwischen sportlichem Fitnessprogramm im Fitnessraum oder an Deck des Schiffes, oder wir relaxen im Liegestuhl entspannt am Outdoor Pool in der warmen Sonne. Diesmal genießen wir alle Mahlzeiten auf dem Schiff, da gibt es Frühstück, Mittagessen, Kaffee und Kuchen, Abendessen und den Mitternachtssnack. Das gönnen wir uns, weil wir die letzten Tage auf das Mittag-essen verzichtet haben und zudem sportlich aktiv waren. Auf unserem schwimmenden Luxushotel der Reederei Costa geht es mit dem Schiff Luminosa weiter Richtung

Casablanca in Marokko, auf den schwarzen Kontinent Afrika. Nach dem Frühstück starten wir unsere inkludierte Busreise um die orientalische Stadt Casablanca näher kennenzulernen. Als Erstes steuern wir die größte Moschee der Welt an, es ist die Hassan-II.-Moschee, die direkt am Meer gebaut wurde. In die Gebetshalle, mit Schiebedach, passen bis zu fünfundzwanzigtausend Gläubige zum Gebet hinein. Das über zweihundert Meter hohe quadratische Minarett ist eines der größten und höchsten weltweit. Danach besuchen wir eine Apotheke, lassen uns massieren und kaufen Medikamente. Anschließend schauen wir uns das berühmte "Rick's Cafe" an, dies ist ein Cafe und Restaurant, das bei einem Spielfilm in Casablanca eine wichtige Rolle spielte, es entsteht hier sofort ein "Gefühl der Filmhistorie", obwohl der Film hier nie gedreht wurde. Auf zwei Etagen ist es geschmackvoll und schön zu diesem Thema eingerichtet und für die hiesigen Verhältnisse in Casablanca ein sehr schönes und sauberes Ambiente. In der Stadt besichtigen wir die wichtigsten Gebäude u. am Abend geht es in die Altstadt auf den Markt von Casablanca. An den bunten Ständen gibt es typische orientalische Früchte, Obst und Gemüse, so wie Stoffe, Teppiche und Souvenirs aller Art.

Nach Aufenthalt in Casablanca sind wir auf See im Atlantischen Ozean und genießen das herrlich warme Wetter und die ganz leichte Briese, die uns erfrischend um die Ohren weht. Wir sehen im Meer Delphine, Wale, Meeresschildkröten, Fächerfische oder auch Segelfische, so wie jede Menge fliegende Fische, die vor dem Bug unseres Schiffes aus dem Wasser springen und oft mehrere hundert Meter über den Wellen des Atlantiks gleiten.

Als nächstes steuern wir die Kapverdischen Inseln an u. legen im Hafen der Stadt Mindelo auf der Insel Sao Vicente bzw. Kap Verde an. Auf der siebenundsechzig Quadratkilometer großen Insel leben knapp achtzigtausend Menschen.

Das Leben auf dem eigenständigen Inselarchipel vor der Küste Westafrikas ist für die Einwohner bescheiden und die meisten leben vom oder mit dem Fischfang. Eine weitere Verdienstmöglichkeit ist der Tourismus und das Hochseeangeln, denn hier gibt es u.a. noch viele große Tunfische.

Die Insel sieht aus der Ferne sehr schön und karg aus, was sich vor Ort letztendlich auch bestätigt. Die Bewohner machen auf uns einen zufriedenen und glücklichen Eindruck. Sie verkaufen Fisch, Obst und Gemüse auf der Straße oder in der alten Markthalle, die wir in dem kleinen Städtchen u.a. besucht haben. Gleich neben der Anlegestelle unseres Kreuzfahrtschiffes befindet sich dieser herrlich weiße, breite und feine Sandstrand, den wir am liebsten gleich besuchen wollten. Vorgelagert ist eine Insel mit zwei Gebäuden und einer Verbindungstreppe, die scheinbar gar keine Vegetation besitzt. Aber als erstes schauen wir uns die kleine Stadt zu Fuß an, da gibt es eine Kirche, ein Postamt, einen kleinen Citypark, wie gesagt die Markthalle, ein paar kleine Restaurants, Geschäfte und einen schönen quadratischen Turm, so wie den ehemaliger Gouverneurspalast. Das Klima auf der Insel ist sehr angenehm warm u. wir sind froh, dass ein leichter Wind weht, denn ohne ihn wird es vermutlich richtig heiß hier. Die Fischer mit ihrem frischen Fang zu beobachten fasziniert mich, denn selbst die kleinen Boote sind sehr gut gefüllt mit allerlei Fischen vom frühen Morgen. Diesmal schaffen wir es uns zum späten Mittagessen auf unser Schiff, aber eigentlich haben wir mehr Durst als Hunger. Nach dem Essen schnappen wir unsere Badesachen und besuchen den wunderschönen Sandstrand, an dem wir fast ganz alleine sind, trotz des guten Wetters und dem frischen, sauberen und angenehm warmen Meerwasser. Das war unser wunderschöner und ganz entspannter Tag auf einer der fünfzehn Kapverdischen Inseln, die weit verstreut im Atlantik , rund fünfhundertsiebzig Kilometer auf der Westseite des afrikanischen Kontinents liegen.

Den Atlantischen Ozean zu überqueren ist ein Traum eines jeden Segelsportfreundes, aber wir genießen den Luxus ganz bequem und ohne jegliche Anstrengung, so wie mit allem möglichen Komfort u. Verwöhnprogrammen, wie Wellness, Sauna, Sport, Theater, Shopping, Kino, Unterhaltungsspiele, Tanz, Vorträge, Modeschauen, Spielkasino, Animation, usw.. Zudem wird einem das beste Essen rund um die Uhr mundgerecht serviert. Egal ob es sich um die Vorspeise, die Suppe, den Salat, den Hauptgang oder den Nachtisch handelt, es sah immer super aus und schmeckte fantastisch. Allein mit dem Luxusessen könnte man ein ganzes Buch füllen, deshalb habe ich nur eine kleine Auswahl eines Tages von den bis zu sieben Gängen auswählbaren Menü zu zeigen. Wobei es bei jedem der Gänge meistens nochmals vier Auswahlmöglichkeiten gab und ergänzend wurden für Kinder- und Erwachsene weitere Ausweichmenüs angeboten. Auf der ganzen Kreuzfahrt hatte es keiner von uns geschafft nur ein einziges Mal alle Gänge zu essen, obwohl wir viel essen können. Die Menükarte gab es in den wichtigsten Landessprachen und es war jedes Mal ein tolles Erlebnis, wenn man seine Auswahl und Wünsche, die Bestellung beim Ober aufgeben durfte.

Das Wetter war hervorragend bei unserer Atlantiküberquerung und die Wellen waren klein bis ganz unauffällig. Vor der brasilianischen Hochseevogelinsel Fernando de Noronha, die rund dreihundertfünfzig Kilometer vom Festland entfernt liegt und aus einundzwanzig separaten Inseln einer vulkanischen Inselgruppe besteht, sahen wir jede Menge Fregattvögel und Tölpel. Wir erlebten schon während dem Frühstück die Tölpel beim Fischfang, die im Sturzflug hinabstoßen ins Wasser hineintauchen und so Fische erbeuten. Ebenso beeindruckend ist es zu sehen, wie die Fregattvögel den erfolgreichen Tölpel das Futter wieder abjagen, indem sie diese bedrängen und der Tölpel den Fisch ausspuckt und der Fregattvogel ihn wieder einfängt.

Die Fregattvögel sind in der Lage, sogar dem fallenden Fisch in der Luft nachzufliegen und wieder zu schnappen, bevor er das Wasser erreicht. Diese Fregattvögel sind für mich die wahren Flugkünstler unter den Hochseevögeln, auch wenn es aus unserer Sicht gemein ist, den Tölpel ihre Beute abjagen, aber so ist die Natur. Übrigens ist der Fregattvogel der einzige Hochseevogel der nicht schwimmen kann, wenn sein Gefieder nass wird und sich mit Wasser vollsaugt, ist ein Start aus dem Wasser für ihn nicht möglich und er würde dort langsam zugrunde gehen. Das Spektakel ging den ganzen Morgen, bis wir dann das Archipel Fernando de Noronha erreichten. Die Hauptinsel mit dem gleichen Namen wie das Archipel ist als einzige sehr dünn besiedelt und sie ist ein Traum in Grün, mit Felsen, Tropenwald und traumhaften Sandstränden. Es gibt wenige kleine Hotels auf dieser Insel. Die Hauptinsel besitzt rund siebzehn Quadratkilometer Fläche vom Gesamtarchipel mit sechsundzwanzig Quadratkilometern. Die höchste Erhebung ist der Berg Morro do Pico, der mit dreihundertdreiundzwanzig Metern, wie ein Finger aus dem Meer ragt. Durch die dünne Besiedlung und der großen Entfernung vom Festland können die Hochseevögel hier noch gut existieren und ihren Nachwuchs sicher aufziehen.

Mitte Januar erreichen wir den Südamerikanischen Kontinent, um genau zu sein die Großstadt Recife. Sie ist die Hauptstadt des Bundesstaates Pernambuco im Nordosten Brasiliens. Die Hafenstadt am Atlantischen Ozean hat über eine Million sechshunderttausend Einwohner und ist das Zentrum der Metropolregion Recife. Der Stadtname Recife ist eine Anspielung auf die Felsenriffe, die die Strände der Stadt schützen. Nach dem Ausschiffen starteten wir mit dem Bus des inkludierten Ausfluges und fahren zu einer Bootsanlegestelle, um dort erst mal einen erfrischenden Cocktail zu trinken. Anschließend fahren wir mit einem Besichtigungsboot das gesamte Hafenbecken ab und betrachten die Stadt vom Wasser aus.

Als Erstes fallen uns die vielen kleinen und sehr einfachen Häuser am Wasser auf. Dahinter stehen die supermodernen Wolkenkratzer, die als Bürogebäude oder Wohnhäuser ihre Verwendung finden. Wir staunen über die schönen historischen Gebäude, die immer wieder, wegen dem sehr feuchten und heißen Klima, restauriert werden müssen. Schön anzuschauen waren auch die einfachen Kanalstraßen, in denen ganz bunte Häuser nebeneinander standen. Im gesamten Hafenbecken, der Flüsse und Wasserstraßen wird in kleinen Fischerbooten geangelt oder das Netz ausgeworfen. Am Wasser gibt es einen Skulpturenpark im Bereich der Riffe, die ganz moderne Kunst ausstellen, dass eine gleicht z.b. einer Art Siegessäule oder es schauen daneben barbusige Frauen aus einer Art Kanonenrohr, um nur zwei der vielen Skulpturen zu beschreiben. Die langen und flachen Brücken sind extrem knapp über der Wasserober-fläche und für die Durchfahrt muss immer der Sonnenschutz unseres Bootes nach unten geklappt werden, um nicht mit der Brücke zu kollidieren. Ein prächtiges blau-weißes Gebäude mit einer goldfarbenen Kuppel fällt uns ganz besonders auf. Unser Guide erklärt uns alles, aber da es so sehr viele wichtige und schöne Informationen gibt, kann ich diese leider nicht alle in dieses kleine Buch packen, weil es sonst den Größenrahmen sprengt. Nach der schönen Bootsfahrt geht es mit dem Reise-bus zu einem alten und historischen Gefängnis, das weiße drei-stöckige Gebäude wurde sowohl außen, als auch innen weit-gehend im Originalzustand erhalten und sehr schön restauriert. Aus den alten Zellen mit ihren rustikalen Gefängnistüren wurden liebevoll kleine Geschäfte und Kunsthandwerkshops eingerichtet. Es macht viel Spaß durch die dreistöckige Shopping Mall des alten Gefängnisses zu schlendern und in den Läden zu stöbern, besonders beliebt waren die Schnaps-läden, die großzügig verschiedene Rumsorten zum Probieren spendierten. Es gab in der Shopping Mall viele hübsche Brasilianerinnen, von denen ich sogar gerne ein Foto schießen durfte. Die freundliche und schwer bewaffnete Polizei sicherte das Areal von außen. Am nächsten Tag konnten wir uns wieder ein wenig ausruhen und uns an das heiße Klima in Brasilien, auf unserem Schiff gewöhnen, denn wir hatten einen Seetag nach Salvador de Bahia. Diese Stadt ist mit drei Millionen Einwohner nach Sao Paulo und Rio de Janeiro die drittgrößte Stadt Brasiliens. Der Name der Stadt beinhaltet übersetzt Küstenstadt und geht auf den Tag der Ankunft des ersten Seefahrers zurück, der am ersten November fünfzehnhunderteins dort ankam. Salvador de Bahia war bis siebzehnhundertdreiundsechzig die Hauptstadt von Brasilien und ist nun Hauptstadt des nordöstlichen Bundesstaates Bahia. Zudem ist diese Stadt Erzbischofssitz des Erzbistums Sao Salvador da Bahia. Die Stadt lebt nicht nur vom Tourismus, sondern ist ein international anerkanntes Handels- und Wirtschaftszentrum mit einer Erdöl- unZuckerraffinerie sowie der traditionellen und modernen Baumwoll-, Tabak- und Kakaoverarbeitung.

Der inkludierte Busausflug bringt uns am frühen Morgen in die bunte und turbulente Großstadt, direkt bis zum zweistöckigen historischen Rathaus, das in hellen Farben gestrichen wurde. Hier erwarten uns schon die vielen schwarzen Frauen, die in ihren breiten, bunten und barocken Kleidern ein Foto für einen Dollar mit uns machen möchten. Unser Guide führt uns nach der Besichtigung des Rathauses zu einem kleinen Platz, auf dem ein großes gebrochenes Betonkreuz liegt und wir eine fantastische Aussicht von der Oberstadt zur Unterstadt und den Hafen haben. Mit einem betonierten freien Aufzug gelangt man direkt von der Unterstadt zu unserem Standort. Die schöne alte weiße Befestigungsanlage, die auf einer Insel vor der Küste steht, ist von hier ebenfalls gut sichtbar. In der Unterstadt stehen viele marode Hochhäuser und halb eingefallene Gebäude. Wir laufen weiter auf den Marktplatz, auf dem viele schöner Kirchen gebaut wurden, da die Stadt Erzbischofssitz des Erzbistums Sao Salvador da Bahia ist, gibt es hier sehr viele gut erhaltene und prunkvolle Kirchen.

Die drei wichtigsten Kirchen besuchen wir in der Stadt und sind beeindruckt wie viel Blattgold hier verarbeitet wurde und andere wertevolle Innenausstattung es gibt. Hier erkennt man den einstigen Reichtum und die Wichtigkeit der Stadt. Selbst in den Kirchen ist es noch ordentlich heiß und die Luftfeuchtigkeit ist sehr hoch, so dass allen Teilnehmer der Schweiß am Körper hinunter rinnt. Als nächstes steht die farbenfrohe und bunte Altstadt auf der Tagesordnung, die kleinen Gassen sind sehr schön angelegt, auch mit Restaurants und Souvenirläden. Durch die Straßen laufen ganz große Gruppen mit Trommeln und üben für den Karneval, der demnächst ansteht. In Salvador de Bahia stehen einige Denkmäler berühmter Persönlichkeiten, uns gefiel persönlich das bronzene Denkmal des Anführers der Sklavenbewegung, der mit einem Speer in der Hand sehr schön und gut detailliert dargestellt wurde. Der gut sichtbaren Polizei wurden auch in dieser Stadt, zu den einzelnen Arbeitsgruppen ganz unterschiedliche, aber schicke, Uniformen geschneidert. Eins haben aber alle Polizisten, weiblich oder männlich gemeinsam, sie sind unheimlich freundlich u. lassen sich sehr gerne fotografieren. Unser Guide gibt uns eineinhalb Stunden Zeit zur freien Verfügung, die wir nutzen um eine Kleinigkeit zu essen / trinken, so wie eine frische Kokosnuss zu genießen.

Anschließend geht es mit dem Bus aus der City, um an den fantastischen und vollen Stränden von Brasilien vorbei zu fahren. Die sind gespickt mit bunten Sonnenschirmen und Liegen, vor allem aber mit vielen hübschen Frauen aller Hautfarben. Als Letztes besuchen wir den berühmten Leuchtturm Farol da Barra, der im Jahre achtzehnhundertneununddreißig mit zweiundzwanzig Meter Höhe errichtet wurde und der älteste Leuchtturm in ganz Südamerika ist. Der auf einem natürlichen Felsvorsprung errichtete Leuchtturm gehört zu der historischen Festungsanlage Santo Antonio da Barra, dessen Kanonen auf das Meer zeigen. Aktuell befindet sich in der Festung ein nautisches Museum und Souvenirshops.

Nachdem wir wieder auf dem Schiff sind, bereiten wir uns auf das Abendessen in Gala u. der weißen Nacht auf unserem Kreuzfahrtschiff vor. In der weißen Nacht wird an Deck des Schiffes Party gemacht und alle Gäste sollen weiße Kleidung tragen. Die Stimmung mitten auf dem Meer und bei dem tollen Wetter ist fantastisch. Die Gäste erscheinen in prunkvollen, teilweise sehr erotischen weißen Kleidern, manche haben sich nur im weißen Bettlaken eingerollt. Das beste und schönste Kostüm wurde ausgewählt und prämiert, natürlich trug dies eine bildhübsche Frau.

Nach einem Seetag erreichen wir die für uns wichtigste Stadt in Brasilien, nämlich Rio de Janeiro. Darauf haben sich alle sehr gefreut und das Beste daran, wir bekommen sogar zwei Tage Zeit um alles zu besichtigen. Schon lange bevor wir die Stadt und den Zuckerhut sehen können, stehen wir wie viele andere auch an Deck und warten auf den spannenden Moment. Dann sehen wir das erste Mal den Zuckerhut, der Metropole mit über sieben Millionen Einwohnern. Es ist ein ergreifendes Gefühl, dass wir das erleben dürfen und vor lauter Freude bekommen wir Gänsehaut bei diesem herrlichen Anblick.

Leider sind wir ein paar Tage zu früh dran, um den berühmten Fasching in der Weltstadt Rio de Janeiro erleben zu können. Den Zuckerhut werden wir auf dem Granitberg auf jeden Fall mit der Seilbahn besuchen, die Strände der Copacabana und Ipanema, die achtunddreißig Meter hohe weiße Christusstatue auf dem Berg Corcovado, so wie die weitläufigen Favelas oder auch Elendsviertel sehen. Gebucht haben wir eine Stadtrundfahrt um die ganze Stadt zu sehen und natürlich wollen wir hier auch ein brasilianisches Steak probieren. Das sind so die wichtigsten Punkte die auf unserer To-do-Liste stehen. Allein die Einfahrt auf dem Kreuzfahrtschiff ist sehr beeindruckend, dabei sieht man schon relativ viel von der Stadt und seinen Sehenswürdigkeiten.

Alle zuvor genannten Ausflugsziele sind hier schon mal zu sehen, aber auch den Flughafen Rio de Janeiro-Santos Dumont, der auf einer Halbinsel liegt und beim Start und der Landung direkt über dem Meer angeflogen werden muss, so wie die super moderne und futuristische WM-Anlage, die ebenfalls direkt am Meer liegt. Die Insel mit Märchenschloss, in dem die Gebäude vom Hafenamt und dem Militär untergebracht sind, so wie vielen Militärschiffe die im Hafen liegen, oder die modernen Hochhäuser können wir schon bei der Einfahrt bestaunen. Die Stadt hat nicht umsonst solch einen Ruf, denn alles was wir gesehen haben war fantastisch, zumal die Stadt so wunderschön umschlossen in den grünen Bergen liegt. Der Blick vom Zuckerhut war aus unserer Sicht das Schönste auf dieser zwei Tagestour und sollte unbedingt bei der Besichtigung der Stadt Rio de Janeiro durchgeführt werden. Wir konnten alle diese herrlichen Stationen unserer To-do-Liste, mit ausreichend Zeit und bei bestem Wetter sehen.

Nach zwei Seetagen in südlicher Richtung erreichen wir die Stadt Punta del Este in Uruguay. Die Stadt liegt deutlich unterhalb, in der südlichen Hemisphäre, des Äquators und ist mit seinen über zwanzigtausend Einwohnern ein schöner und vor allem für die wohlhabende Urlaubsschicht aus Uruguay selbst, dem Süden Brasiliens, anderen latein-amerikanischen Ländern sowie zunehmend aus den USA und Europa beliebt. In der Hauptsaison von Mitte Dezember bis Mitte März kommen über siebenhunderttausend Gäste in die wohlhabende Stadt am Meer. Der wunderschöne Urlaubsort Punta del Este liegt auf einer schmalen Halb-insel im Südosten von Uruguay.

Ganz ohne Bus, erkunden wir zu Fuß und auf eigene Faust die Stadt Punta del Este. Schon im Hafenbecken schwimmen die Seehunde umher und warten auf die Fischreste des kleinen Fischstandes, das am Steg des Hafens seine Fische verkauft.

Dies hier ist das absolute Kontrastprogramm zu Rio de Janeiro, es bietet sich hier geradezu an, denn zum einen sind die Fußwege hier sehr gut beschrieben und zum anderen ist die Stadt und der Strand gleich am Hafen unseres Kreuzfahrtschiffes. An der Westküste liegt der Strand Playa Mansa mit ruhigem und flachem Wasser, das sich besonders zum Planschen und Schwimmen für kleine Kinder eignet. An diesem Strand laufen wir auf der schönen Promenade bis zum Hotel Konrad, das überall empfohlen wird. Großzügig dürfen wir in das Hotel und schießen ein paar Fotos vom Strand und der Umgebung. Zu dieser Zeit ist es noch stark bewölkt, aber es wurde im Laufe des Tages immer besser. Auf dem Plaza Artigas in der Nähe der exklusiven Geschäfte an der Avenida Gorlero wird lokales Kunsthandwerk verkauft, das wir uns gerne anschauen.

Durch die Stadt wechseln wir zum beliebten Strand Playa Brava, der für seine starke Brandung unter den Surfern und guten Schwimmern bekannt ist. Hier entdecken wir ein rostiges Schiffswrack in den Wellen und einen halbrunden Altar im Sand am Meer. Aber das High-Light dieses Strandes ist die La Mano, die riesige Skulptur zeigt fünf übergroße Finger im Sand. Wir besichtigen noch den alten Leuchtturm aus dem neunzehnten Jahrhundert, der auf dem südlichen Zipfel der Halbinsel steht und der sogar den Gästen eine Aussichtsplattform bietet. Danach geht es weiter zur schönen blauen Kirche namens Iglesia de la Candelaria. Wir sind immer wieder überrascht wie viele tolle Luxusautos aus Deutschland hier gefahren werden, u.a. auch ganz gepflegte Oldtimer. Es stehen in dieser Stadt sehr viele u. stark abwechslungsreiche Luxusvillen, die wir beim Vorbeigehen gerne betrachten. Bei bestem Wetter findet am Spätnachmittag noch eine Segelregatta statt. Am Strand joggen o. laufen sehr viele sportliche Menschen, die scheinbar besonders viel Wert auf ihre Fitness und ihr Aussehen legen. Das war unser wirklich schöner und sportiver Tag in der Stadt Punta del Este in Uruguay.

Über Nacht fahren wir in die knapp drei Millionen große kosmopolitische Hauptstadt Buenos Aires in Argentinien. Der Bereich Gran Buenos Aires hat weit über dreizehn Millionen Einwohner und ist somit das größte Ballungsgebiet in Südamerika. Für diese riesige Stadt haben wir wieder zwei volle Tage Zeit um alles zu erkunden. Buenos Aires wird auch Hauptstadt des Tangos genannt, weil in den meisten Kneipen und Restaurants Tango Argentino, von sehr guten Tänzern in schöner Kleidung, zur Freude des Publikums getanzt wird, dies geschieht ganz besonders intensiv im Künstlerviertel der Stadt.

Ein strammes Programm hatten wir in den zwei Tagen, mit zwei längeren Bustouren und Besichtigungsstopps, die aber trotzdem genug Zeit u. Freiraum zu einer guten Besichtigung ließen. Am Spätnachmittag und Abend hatten wir Zeit für eigene Unternehmungen. Gestartet wurde die erste Tour mit der Besichtigung der historischen Innenstadt und den wunderschönen Gebäuden um eine zentrale Grünanlage. Das sind die Bank, die Siegessäule, die Kirchen u. der rote Präsidentenpalast Casa Rosada auf dem Plaza de Mayo. Besonders prunkvoll waren hier die Kirchen im Inneren gestaltet und ein besonders wichtiger Raum wurde sogar von Soldaten in prachtvollen Uniformen bewacht. Nachdem wir uns am Plaza de Mayo alles angeschaut hatten, fuhren wir mit dem Bus in das Künstlerviertel der Stadt, dort gibt es viele kleine bunte Häuser mit lebensgroßen Figuren an den Fenstern, so wie z.B. den Papst stehend auf dem Balkon. Kleine Läden, Souvenirgeschäfte, Kneipen mit Tangotänzern, Restaurants und viele einfache Shops die alle einfach und kunstvoll gestylt wurden. Auch hier hatten wir Zeit alles zu betrachten und Mittag zu essen oder in eine Kneipe auf ein Bier zu gehen. Wir entschieden uns für ein Argentinisches Rinderhüftsteak vom großen Grill und ein kühles frisches Bier dazu. Beides schmeckte übrigens ganz hervorragend.

Besucht haben wir die juristische Fakultät der UBA, den
Argentinischen Kongresspalast, der Sitz des argentinischen
Nationalkongresses ist und ganz unterschiedliche Parks.
Eine davon war mit einer riesigen stählernen verchromten
Solarblüte, die je nach Sonnenstand auf oder zu ging. Im
Zentrum der Altstadt entdeckten wir den siebenundsechzig
Meter hohen Obelisk, der im Jahre neunzehnhundertsechs-
unddreißig anlässlich des vierhundert jährigen Stadt-
gründungsjubiläums, in nur vier Wochen errichtet wurde.
Der Obelisk kann über zweihundertsechs Stufen im Inneren
bis zur Spitze bestiegen werden, dort kann der Besucher
durch vier Fenster sehen. Wir schauten uns das Palacio
Legislativo Regierungsgebäude an und den Stadtfriedhof
La Recoleta, der im gleichnamigen Stadtteil Recoleta im
teuersten Wohn- und Geschäftsviertel liegt. Es wurde die
letzte Ruhestätte vieler wohlhabender oder prominenter
Einwohner der Stadt Buenos Aires. Hier fanden argentinische
Präsidenten, Profisportler, Wissenschaftler und Schauspieler
ihre großzügige und teure Grabstätte. Die zweite Ehefrau von
Juan Peron, Eva Peron ist eine der bekanntesten Grabstätten.
Im Steakrestaurant "Gourmet Porteno" aßen wir am zweiten
Tag ein ganz leckeres mega Steak mit Pommes und Salat,
dazu ein ganz großes frisch gezapftes kühles Bier, bevor
wir die Skyline im Stadtteil Puerto Madero anschauten.
Am Abend hatten wir immer Zeit zur freien Verfügung,
die wir gerne zu weiteren Besichtigungen nutzten. Das
waren unsere interessanten zwei Tage in Buenos Aires.

Über Nacht fuhren wir mit dem Kreuzfahrtschiff nach
Montevideo, der Hauptstadt von Uruguay, in der eine
Millionen dreihunderttausend Einwohner leben. Auf
einer sehr gut organisierten und absolut fachkundigen
Führung unseres Guides wurde uns alles Wichtige in
der Stadt, in sehr guter deutscher Sprache, näher gebracht.
Es gibt im Land einen hohen Bildungsstand u. gute Unis.

So wie einen schönen Innenkern mit beeindruckenden historischen Gebäuden, die alle in einem perfekten Zustand sind. Wir besuchten hier zwei Parks, einen am Meer, dort hatten wir die Möglichkeit am Sandstrand schwimmen zu gehen. Im anderen Park stand ein sehr schönes lebendgroßes Denkmal, das an die ersten Siedler, die mit Ochsenkarren das Land erschlossen haben, erinnern soll. Dieses Denkmal wurde vom Erbauer sehr detailgenau und fein ausgearbeitet. Das luxuriöses fünf Sterne Hotel mit einer hellbraun-rötlichen Fassade schauten wir uns an und den gebeugten weißen Chinesen der in Richtung Erdmitte schaut und durch den Mittelpunkt in China wieder rauskommt. Den Palacio Legislativo besuchen wir, dies ist ein Bauwerk, das im neo-klassizistischen Stil in der uruguayischen Landeshauptstadt Montevideo, mit vierundzwanzig verschiedenen Marmorarten, gebaut wurde. Am späten Abend aßen wir wieder einmal in einem kleinen Steakhaus u. bestellten einen großen Grillteller für zwei Personen, den wir leider nicht geschafft hatten, weil hier so viel Fleisch drauf war, obwohl es so lecker schmeckte.

Am nächsten Tag konnten wir uns an einem gemütlichen Seetag ausschlafen, entspannen und das gesehene der letzten Tage in Ruhe geistig verarbeiten. Früh am Morgen erreichten wir die hunderttausend Einwohner Stadt Puerto Madryn, die im südlichen Argentinien in Patagonien liegt. Die landschaft-lich wunderschöne Lage am Golfo Nuevo südlich der Halb-insel Valdes zeichnet diese Gegend aus, die übrigens auch im UNESCO-Weltnaturerbe eingetragen ist. Weil dieses Gebiet seit neunzehnhundertneunundneunzig als Naturreservat gut geschützt ist, können dort u.a. Seelöwen, Wale, Pinguine, Robben, diverse Vogelarten überleben und sich vermehren. Die Vegetation ist in der gesamten Umgebung spärlich und vom Monte, einer steppenhaften Buschlandschaft, geprägt. Das Klima ist gemäßigt u. trocken. Es wird geprägt durch die starken Winde, die Pamperos, die von Südwesten her wehen.

Mit einundzwanzig Grad ist der Sommer relativ warm, dabei liegen die Tagestemperaturen zwischen sechzehn und siebenundzwanzig Grad Celsius. Im Winter liegen die Temperaturen zwischen drei und dreizehn Grad Celsius am Tage, das gibt einen Mittelwert von acht Grad Celsius. Die Sonnenscheindauer ist das ganze Jahr über hoch, was die Stadt als Badeort sehr beliebt macht, zumal die Wassertemperaturen durch den warmen Brasilstrom im Sommer höher als in den weiter nördlich gelegenen Küstenorten der Provinz Buenos Aires sind. Nicht vergessen , auf der südlichen Hemisphäre ist dort Sommer wenn wir in Deutschland Winter haben. Es ist immer lustig für mich, wenn die Leute hier vom warmen Norden reden oder vom heißen Januar.

Mit dem Motorkatamaran unternehmen wir eine Fahrt in den Nationalpark, um dort alle Bewohner des Meeres und der Küste zu sehen. Die Landschaft ist ein Traum und ganz unbewohnt, nur ein sehr schönes blau-weißes Haus liegt im Nationalpark. Große Robbenkolonien in den Felsbuchten oder an den Sandstränden, Mega-Schwärme mit Seevögeln, Pinguine, Delphine und riesige Wale im Meer, sehen wir. Es ist eine fantastische Freude, die so schöne und karge Landschaft, mit so vielen frei lebenden Tieren erleben zu dürfen. Nach der Bootsfahrt geht es kurz zum späten Mittagessen auf das Kreuzfahrtschiff und anschließend besichtigen wir die Stadt, bzw. laufen an der schönen Strandpromenade entlang. Das war der totale Kontrast im Nationalpark der Stadt Puerto Madryn, zu den letzten Tagen, an denen wir überwiegend in Städten unterwegs waren. Am zweiten Tag entspannen wir am Strand und schauen uns in der Stadt, die schönen Villen, die Läden und die Denkmäler, so wie die ganze Infrastruktur an. Dann heißt es auch hier wieder Abschied nehmen und wir tauchen ganz in den Süden von Südamerika, in das Feuerland ein und umrunden bei bestem Wetter Kap Horn.

Von Kap Horn und Feuerland haben wir schon so viele
Geschichten gehört, von zwölf Meter hohen Wellen, Sturm,
Regen, Schnee und eiskalter dunkelgrauer See, in denen die
Gäste nur im Bett lagen und mit der Seekrankheit zu kämpfen
hatten. Aber wir hatten großes Glück, bei strahlendem
Sonnenschein, ein paar Schönwetterwolken und flacher See
umrundeten wir, fast windstill, Kap Horn. Trotzdem war es
ganz schön frisch, die Sicht auf das Symbol auf einem
Berg, die rote Wetterstation mit Leuchtturm und Antennen,
so wie das Kap Horn und seine Inseln war einmalig schön.
Vor Glück könnte ich heulen, dass wir das so erleben durften.

Die Fahrt geht weiter zur Stadt Ushuaia "Am Ende der Welt"
die im Feuerland liegt und zu Argentinien gehört. Ushuaia,
mit knapp siebzigtausend Einwohnern, ist die südlichste Stadt
Argentiniens und liegt am Beagle-Kanal. Das Wort Ushuaia
kommt aus der Sprache der Ureinwohner Yamana u. bedeutet
so viel wie "Bucht, die nach Osten blickt". Ushuaia konkurriert
mit dem zu Chile gehörenden Puerto Williams auf der Insel
Navarino um den Titel, südlichste Stadt der Welt zu sein.
Der kleine Ort Puerto Williams liegt zwar südlicher, ist
aber nach chilenischem Recht keine Stadt, sondern ein Dorf.
Von Ushuaia starten die Südpolexpeditionsschiffe und werden
auch in dieser Stadt ausgerüstet, zudem gibt es einen internationalen Flughafen, auf dem die Gäste bequem anreisen
können. Sehr beliebt ist das Postamt, das eine Urkunde für
die Gäste ausstellt und stempelt. Natürlich habe ich mir in
den zwei Tagen Aufenthalt auch eine Urkunde ausstellen
lassen.
An unserem ersten Tag in dieser Stadt besichtigen wir den
Ort und besuchen das berühmte Cafe "Tante Sara" und
genießen einen leckeren Cappuccino. Man sollte allerdings
nicht erschrecken, wenn die Rechnung kommt. Da es Zeit
wird die Haare schneiden zu lassen, besuchen Silvia und
ich den Friseur in der südlichsten Stadt der Welt.

Das Hard Rock Cafe besuchten wir noch am Abend auf ein Glas Bier und schon war unser erster Tag in Ushuaia vorbei.

Ganz interessant ist das Wetter, trotz der Nähe zum Süd-pool ist es hier nicht so kalt im Winter wie in Deutschland. Das Klima ist maritim ausgeglichen und über das ganze Jahr relativ kalt und feucht. Das Wetter kann aber im Tagesverlauf sehr unbeständig sein. Häufig liegt ein Tief südlich der Süd-spitze von Südamerika. Dieses Tief hat für Feuerland west-lichen Wind zur Folge, der in den unteren Luftschichten durch die massiven Berge stark abgelenkt und abgeschwächt wird. Die Temperaturen liegen im Winter zwischen minus sechs Grad und plus acht Grad Celsius. Der Sommer schafft es hier sogar zwischen fünf und zwanzig Grad Celsius, wobei die Extremwerte im Sommer auch mal tagsüber bis dreißig Grad steigen können. Im Winter liegt der Rekord bei minus einund-zwanzig Grad Celsius, dies ist jedoch eine ganz seltene Aus-nahme.

Der große Ausflug erfolgt am zweiten Tag in Ushuaia, dazu fahren wir mit einem Motorkatamaran rund siebzig Kilometer einem Fjord entlang, bis wir zu einer Landzunge mit feinem Kiesstrand kommen und eine große Brutkolonie der Pinguine besuchen. Schon lange bevor wir die Pinguine sehen riechen wir den Geruch von Fisch, der von den Ausscheidungen der Tiere stammt. Es ist faszinierend, wie zahm die Tiere sind, obwohl sie nicht gefüttert werden von den Besuchern, laufen manche sogar neugierig auf die Gäste zu und testen mal, ob eventuell die Jeanshose zum Fressen ist. Wir dürfen uns frei auf der Halbinsel für eine kurze Zeit aufhalten und alles beobachten und fotografieren. Das macht sehr viel Freude, zumal die Tiere weder weglaufen, noch sich sonst irgendwie unnatürlich durch die Anwesenheit der Besucher verhalten.

Die Jungtiere sind schon ausgewachsen und rotten sich
mit ihrem flauschigen Fell zu kleinen Gruppen zusammen,
solange die Eltern auf Beutefang sind. Alleine die Fahrt durch
die Kanäle hatte sich mehr als gelohnt, denn wir sahen dicht
neben dem Boot eine Familie Wale schwimmen, mehrere
Inseln mit Robben, Pinguinen, Kormorane, usw., so wie
eine atemberaubende Berglandschaft in dem rauen Feuerland. Das chilenische Dorf Puerto Williams konnten wir
auf der Insel Navarino ebenfalls beim Vorbeifahren sehen.
Zudem erklärte uns der Guide aus Ushuaia alles sehr gut
und so konnten wir uns ein stimmiges Bild über das Leben
der Tiere und der Bewohner in dieser Umgebung machen.

Am nächsten Morgen fahren wir durch den Beaglekanal,
Gabribaldifjorde, O'Brienkanal, Ballenerokanal, Magdalena-
kanal und der Straße von Magelan. In der sogenannten "Allee
der Gletscher" legen wir über zweihundertsechzig Kilometer
zurück. Die Chilenen haben sich etwas Witziges einfallen
lassen, denn die Gletscher tragen die Namen von europäischen
Staaten. Wir sehen die Gletscher mit den Namen Niederlande,
Italien, Frankreich, Deutschland, Rumänien und Spanien.
Teilweise fahren wir dicht an den gewaltigen Eisflächen
vorbei und jeder der Gletscher sieht anders aus, manche
haben noch das Eis in voller Höhe bis zum Meer und wir
erleben sogar das "Kalben" der Gletscher, so nennt man
das wenn ein großer Brocken abbricht und ins Meer stürzt.
Andere Gletscher haben sich durch die Klimaerwärmung
von der Bruchkannte zum Meer zurückgezogen und es
fließt zu dieser Jahreszeit viel Schmelzwasser über die
nackten Felsen in das Meer, bzw. den Kanal. Alle Gletscher
haben eins gemeinsam, sie wirken auf uns riesig und
gewaltig, aber auch wunderschön, denn sie schillern nicht
nur in reinem Weiß, sondern in ganz unterschiedlichen
Blautönen. Selbst unser großes Kreuzfahrtschiff wirkt
klein im Verhältnis zu solch einem gewaltigen Gletscher.

Heute früh gingen wir das erste Mal in Chile vor Anker
und zwar in Punta Arenas, diese Stadt hat knapp hundert-
dreißigtausend Einwohner und liegt unweit der Südspitze
des Landes in der Region Patagonien. Dank ihrer guten
Lage an der Magellanstraße, die den Atlantik mit dem Pazifik
verbindet, wird die Stadt oft als Startpunkt für Expeditionen
durch die umliegende Wildnis oder in die Antarktis genutzt.
Auf der Plaza Munoz Gamero erinnert ein Denkmal an den
Seefahrer Ferdinand Magellan und im Museo Nao Victoria
ist die Nachbildung einer seiner Galeonen zu sehen. In der
Stadt gibt es einige Denkmäler die man anschauen kann.
Mit Freunden vom Schiff laufen wir heute durch den Ort,
weil die zwei schon mal hier waren, übernehmen sie die
Stadtführung. Nach zwei Stunden durch die Stadt und den
Park besuchen wir ein altes gemütliches und historisches
Cafe und genießen in aller Ruhe einen heißen Cappuccino.
Auf dem Rückweg besuchten wir noch einen Obsthändler
der u.a. leckere Süßkirschen verkaufte und uns mitteilte,
dass diese Kirschen aus seinem Garten hier vom Ort sind.
Erstaunt, das hier in diesem Klima Kirschbäume wachsen
aßen wir die leckeren und süßen Kirschen und unterhielten
uns noch ein wenig mit dem freundlichen Händler. Vor dem
Hafen, in der Nähe der grünen Standuhr saßen zwei Polizisten
auf ihren Pferden und forderten uns auf, Fotos von ihnen zu
machen. Überrascht fotografierten wir die zwei freundlichen
Polizisten und plauderten eine Weile mit ihnen. Ganz stolz
erzählen sie uns, dass dies sehr gute deutsche Pferde sind,
die extra aus Deutschland eingeführt wurden und die Rasse
"Hannoveraner" heißt. Das war schon unser entspannter Tag
in Punta Arenas, dem ersten Haltepunkt in Chile.

Am nächsten Tag fuhren wir durch den Sarmietokanal
im Nationalpark Bernardo O'Higgens und schauten uns,
leider bei schlechtem Wetter mit Nieselregen, den welt-
berühmten u. spektakulärer Amaliagletscher in Chile an.

Um die wahre Größe und Details des Gletschers ein wenig besser sehen zu können, habe ich gezoomt und einen Ausschnitt hier dargestellt. Ein altes verrostetes Fischerboot versuchte hier sein Glück mit dem Fang großer Fische.

Unser Kreuzfahrtschiff fährt einen weiteren Tag im Pazifischen Ozean, Richtung Norden, an der chilenischen Küste entlang, bis wir letztendlich in dem Örtchen Puerto Chacabuco vor Anker gehen. Mit dem Tenderboot werden wir am nächsten Morgen an Land gebracht, um selbstständig das kleine Örtchen mit knapp tausendzweihundert Einwohnern zu erkunden. Der gesamte Ort erinnert eigentlich mehr an eine Kleingartenanlage mit einfachen und bunten Holzhäusern. Jedes dieser primitiven Holzhäuser hat mindestens einen Hund im umzäunten Grundstück. Einige laufen auch frei auf der Straße umher und erschrecken mit ihrem Bellen die Besucher. Die kleinen Häuser und noch kleineren Supermärkte schauten wir uns bei einem gemütlichen Spaziergang durch das Dorf an, ebenso das alte verrostete Schiffswrack, die Gruta de Lurdes und den Binnensee am anderen Ende des Ortes. Der Ort selber liegt in einem Tal zwischen grünen Bergen und wirkt sehr idyllisch, einfach und ruhig. Auch hier ist die Polizei wieder sehr freundlich und wir dürfen Fotos mit ihnen machen. Auch wenn es nicht viel zu sehen gab, es war interessant und mal ganz anders als bisher. Wir verbrachten einen gemütlichen und stressfreien Tag in diesem Örtchen. Die Bewohner waren freundlich, ebenso die vielen Hunde, obwohl manch einer gruselig aussah.

Über Nacht fährt uns unser schwimmendes Luxushotel nach Puerto Montt, dies ist eine große Hafenstadt im Süden von Chile, die nördlich von Puerto Chacabuco liegt und mit über hundertsiebzigtausend Einwohner erheblich größer als das zuletzt besuchte Dorf ist. Dreißig Kilometer östlich der Stadt liegt der Vulkan Calbuco mit zweitausenddrei Metern Höhe.

Er ist einer der aktivsten Vulkane in Chile und die letzte große Eruption fand zweitausendfünfzehn statt. Westlich von Puerto Montt liegt der archäologische Fundort Monte Verde, der als eine der ältesten menschlichen Siedlungsspuren auf dem amerikanischen Kontinent gilt. Bereits vor zwölftausend bis vierzehntausend Jahren lebten hier schon Jäger und Sammler in der Region. In der Stadt und drum herum gibt es einige interessante Sehenswürdigkeiten, z.B. in der Stadt den kunsthandwerklichen Markt, die Seenregion um Puerto Montt ist sehenswert, die kleine Insel Tenglo, oder der riesige Llanquihue-See nördlich der Stadt. Wanderfreunde, Trekkingbegeisterte oder Mountainbiker finden hier ideales Terra.

Der Schwerpunkt der Wirtschaftskraft liegt im Handel und Verkehr, zudem spielt der Fischfang u. die fischverarbeitende Industrie, sowie die Verschiffung von Holz aus den Urwäldern eine wichtige Rolle. Als neuster Industriezweig kam zum Fischfang und dessen Verarbeitung noch die Lachszucht hinzu. Zentraler Ausgangspunkt ist der Flughafen und Hafen der Stadt für die Versorgung des chilenischen Südens oder auch Patagonien. Zusätzlich ist Puerto Montt der primäre Anlaufpunkt des Verkehrs von der Insel Chiloe. Straßentechnisch endet in der Stadt die ausgebaute Straße der Panamericana.

An unserem Besuchstag in Puerto Montt fand die Feierlichkeit des chilenischen Nationalfeiertags statt. Es gab riesengroße Umzüge mit Militärs aller Waffengattungen, Feuerwehren, medizinisches Personal, Polizei, berittene Ureinwohner, Vereine aller Art, usw.. Es wurden lange Vorträge gehalten und die ganze Stadt war in Feierlaune, dazu gab es jede Menge Livemusik. Wir besichtigten alles in der Stadt, das Künstlerviertel, den Hafen, die Altstadt, den Strand mit einem riesigen Paar auf der Bank, die Kirche auf dem hohen Berg am Stadtrand, mit dem riesigen stählernen Kreuz.

Die historischen Segelboote gefielen mir persönlich sehr gut, weil sie so schön restauriert waren und mich selber an die fantastische Zeit des Segelns erinnerten. Zum Abschluss des formellen Festaktes flog eine große Formation moderner Militärjets in verschiedenen Kunstflugmustern über die Stadt und zeigten was sie konnten. Der Parallelflug aller Flugzeuge war dann der krönende Abschluss dieser Show, wobei sie die Farben der Nationalfahne aus den Flugzeugen sprühten.

Am späten Abend legte unser Schiff wieder ab und wir steuerten nach einem Seetag am frühen Morgen in Valparaiso, der letzten Station in Chile, den Hafen an. Die Stadt liegt an einer nach Norden offenen Bucht des Pazifischen Ozeans. Der Hafen ist einer der bedeutendsten des Landes, er war im neunzehnten Jahrhundert jahrzehntelang der größte Hafen des gesamten Pazifikraumes und verlor an Bedeutung als der Panamakanal neunzehnhundertvierzehn eröffnet wurde. Der Charakter der Stadt Valparaiso gilt als weltberühmt und ist Inhalt zahlreicher literarischer, musikalischer und künstlerischer Interpretationen. Diese Stadt ist die kulturelle Hauptstadt Chiles. Im Jahre zweitausenddrei wurde der historische Stadtkern mit seiner Architektur aus dem neunzehnten und zwanzigsten Jahrhundert von der UNESCO zum Weltkulturerbe erklärt. Berühmt ist die Stadt mit ihren dreihunderttausend Einwohnern auch für ihre steilen Seilbahnen und Hügel mit den farbenfrohen Häusern.

Nun hatten wir wieder zwei ganze Tage Zeit um diese Stadt näher kennenzulernen. Am ersten Tag nahmen wir am Ausflug mit dem Bus teil und am zweiten Tag wollten wir ein berühmtes Weingut mit einem Mietwagen besuchen, ein Steak essen und den Wein dazu genießen, darauf freuten wir uns ganz besonders. Die Adresse des Weingutes beschafften wir uns vorab von unserer Reiseleiterin.

Als Erstes besichtigten wir den Triumphbogen mit dem Bus, weiter ging es zur Marinebasis, einem wunderschönen historischen Gebäude, das prachtvoll in hellblauer Außenfassade erschien und einen hohen schmalen Turm in der Mitte, so wie zwei breite, niedrige Türme an den Eckpunkten besaß. Das Dach war mit Schiefer bedeckt. Interessant waren auch die Elektrobusse in der Stadt, so wie die vielen bunten Waggonaufzüge, die auf steilen Schienen von der Unterstadt in die Oberstadt gezogen wurden. Es ging weiter durch die Altstadt, mit den bunten Holzhäusern aus einer längst vergangenen Zeit. Wir besuchten den bunten Markt und betrachteten das Kriegerdenkmal vor der Marinebasis.

Die Stadt brachte es sichtlich zu Reichtum und Wohlstand, sicherlich auch durch die Kupfermienen und der Produktion von elektrischen Leitungen und Erdkabel, davon zeugt das kupferne Monument einer verdrillten elektrischen Kupferleitung, ohne Isolation, auf dem Platz.

Es ging weiter zu der berühmten und riesigen Uhr aus grünen und roten Blumen, über den Stadtteil mit den gewaltigen Hochhäusern bis hin zum sauberen Meer. Das Meerwasser grenzte sowohl an Sandstrände, als auch an Felsküsten. Weiter der Küstenstraße folgend, zwischen den steilen Terrassenhäusern, den Hochhäusern und dem Meer mit seinem starken Wellengang, erreichten wir am Ende eine schön angelegte Grünanlage. Gegenüber erhob sich eine große Sanddüne, die natürlich bestiegen werden musste. Die Grünanlage, die großen kräftigen Wellen , die sich über die Felsen ergossen und die Aussicht von der gewaltigen Düne war fantastisch. Nach dem Schmaus der Sinne für die Augen und Ohren fuhren wir mit dem Reisebus zurück zu unserem schönen Kreuzfahrtschiff.

Im Hafen lag, gefühlt die halbe chilenische Seeflotte
bereit und wartete auf ein unsichtbares Startkommando.
Aber alle Schiffe der Marine lagen auch noch am zweiten
Tag im großen Hafen der Stadt Valparaiso. Am frühen
Morgen des zweiten Tages wollten wir gleich nach dem
Frühstück das Schiff verlassen, um das weit entfernte
Weingut zu besuchen. Durften aber nicht raus und
mussten warten, bis wir nach einer Stunde über die Laut-
sprecher des Schiffes erklärt bekamen, das im Hafen von
Valparaiso gestreikt wird und wir deshalb nicht das Schiff
verlassen dürfen. Erst um vierzehn Uhr wurde der Streik
beendet, doch da war es für uns zu spät, denn das Zeitfenster
reichte auf keinen Fall für unseren geplanten Besuch des
Weingutes und schon gar nicht um ein leckeres Rinderhüftsteak dort zum Mittagessen zu genießen. So blieb uns nichts
weiter übrig das Beste daraus zu machen und so sonnten wir
uns auf Deck, genossen den Pool und sahen bei der Beladung
des Schiffes mit Lebensmitteln, Treibstoff und Süßwasser zu.
Es musste einiges geladen werden, denn die nächsten vier
Tage sind wir auf See im Pazifischen Ozean und werden die
wunderschönen, aber weit entfernten, Osterinseln anlaufen.

Die vier Seetage genießen wir entspannt bei bestem Wetter
und wenig Bewegung des Meeres im Pazifischen Ozean.
Die Zeit verbringen wir mit Sport, relaxen am Pool und ein
wenig schwimmen, der Beobachtung des Meeres nach Walen,
Delphinen, Schildkröten, Rochen, Haie, Seevögel und weitere
Bewohner des Pazifischen Ozeans. Aber auch das Bordleben
bietet an den Tagen einiges, so gibt es verschiedene Tanz-
veranstaltungen, Partys, Animationsprogramme, Casino und
natürlich das ganz hervorragende Essen mit den vielen Gängen.
Das Klima ist nun deutlich wärmer und wir können die Sonne
in der Badehose im Liegestuhl genießen, nur nicht zu lange,
denn in diesen Breitengraden holt man sich sonst schnell einen
heftigen Sonnenbrand.

Die Osterinsel liegt sehr isoliert in Polynesien im Südost-
pazifik und gehört politisch zum über dreitausendfünf-
hundert Kilometer entfernten Chile. Gemeint ist die Distanz
des Hauptortes Hanga Roa von der Osterinsel zum Festland
Chile. Die nächste bewohnte Insel zur Osterinsel ist die Insel
Pitcairn mit fast zweitausendeinhundert Kilometer Distanz
und Tahitis Küste liegt sogar fast viertausenddreihundert
Kilometer entfernt. Auf der Osterinsel leben knapp achttausend Menschen, die nur eine schnelle Verbindung
über den internationalen Flughafen "Mataveri International
Airport", mit dem Flugzeug nach Chile haben. Geschichtlich
ist die Insel sehr bekannt durch die monumentalen Stein-
skulpturen, der Moai. Von neunzehnhundertfünfundneunzig
an ist die Osterinsel mit ihren knapp hundertdreiundsechzig
Quadratkilometern Fläche als "Nationalpark Rapa Nui"
Teil des UNESCO-Welterbes.

Geografisch gesehen ist die Osterinsel der Gipfel eines
Vulkans, der aus dem Meeresspiegel einer Vulkankette
hinausragt. Das typische, für viele pazifische Inseln
charakteristische Korallenriff mit flachen Sandstränden
fehlt hier, weil die Küste steil bis zu einer Meerestiefe von
dreitausend Meter abfällt. Deshalb ist der größte Küsten-
verlauf steinig und zerklüftet, kleine Sandstrände sind nur
an ganz wenigen Stellen zu finden, zum Beispiel in der
Anakena-Bucht an der Nordküste der Insel. Die vierundzwanzig mal dreizehn Kilometer große , in Form
eines gleichschenklig rechtwinkligen Dreiecks geformte
Osterinsel besteht im Wesentlichen aus drei Vulkanen,
Rano Kao im Südwesten, dem Poike mit seinem Haupt-
gipfel Maunga Puakatiki im Osten und Maunga Terevaka
im Norden, sowie deren über siebzig, teils bis zur Un-
kenntlichkeit erodierten, Nebenkratern. Die höchste
Erhebung ist der erloschene Maunga Terevaka mit
über fünfhundertsieben Metern Höhe.

Im Südwesten der Osterinsel sind die kleinen, unbewohnten Nebeninseln Motu Nui mit knapp vier Hektar, Motu Iti mit eineinhalb Hektar und Motu Kau Kau mit tausend Quadratmeter vorgelagert, im Westen Motu Ko Hepoko und Motu Tautara mit je tausend Quadratmeter, und vor der Halbinsel liegt Poike Motu Marotiri mit zweitausend Quadratmeter.

Das Klima ist angenehm subtropisch warm, wobei die Jahreszeiten gering ausgeprägt sind, aber starke Passatwinde vorherrschen. Die Niederschläge betragen über tausendeinhundert Millimeter und die Jahresdurchschnittstemperatur liegt bei einundzwanzig Grad Celsius. Die kühlsten Monate des Jahres sind der Juli und August, am wärmsten dagegen wird es im Januar und Februar. Am meisten Regen fällt in den Monaten April und Mai, die niedrigsten Niederschläge erfolgen im Oktober, November und Februar. Die Temperatur des Meerwassers liegt im Jahresdurchschnitt bei achtzehn Grad Celsius.

Hanga Roa ist die einzige Ortschaft der Osterinseln und zählt über dreitausenddreihundert Einwohner. Aus diesem Grund ist die gesamte Infrastruktur hier zu finden. Das anthropologische Museum "Museo Antropologico Sebastian Englert", benannt nach dem deutschen Missionar und Sprachforscher Sebastian Englert, zeigt schöne Artefakte aus der Inselgeschichte und informiert über die Rapa-Nui-Kultur. Im Hauptort befindet sich auch der einzige Hafen der Insel, sowie Cook's Bay, die Stelle an der der britische Entdecker James Cook im Jahre siebzehnhundertvierundsiebzig das erste Mal gelandet ist. Der Missionar Eugene Eyraud wurde in der einzigen katholischen Kirche "Iglesia Santa Cruz", die es auf der Insel gibt, beigesetzt.

Bedingt durch die isolierte Lage, gehört die Osterinsel zu den artenärmsten Inseln des Südpazifiks, es gibt weniger als dreißig indigene Samenpflanzen. In der Tierwelt ist es noch ungünstiger als bei den Pflanzen, auf dieser Insel. Sowohl bei den Pflanzen, als auch bei den Tieren waren wohl die Menschen die erfolgreichsten beim Einführen neuer Pflanzen oder Tiere.

Das High-Light der Insel sind außer der fantastisch schönen Landschaft, vor allem um und in den Vulkanen, die weltbekannten Moai. Die Objekte wurden von den Einwohnern der Osterinsel sowohl aus Stein als auch aus Holz hergestellt.

Moai werden die kolossalen Steinstatuen auf der Osterinsel genannt. Der bedeutende deutsche Pater Dr. Sebastian Englert und Sprachenforscher katalogisierte sechshundertachtunddreißig Statuen auf der Osterinsel, vermutlich waren es jedoch ursprünglich über tausend Moai, die einst hier standen. Bis heute ist das genaue Datum und der Zweck, trotz intensiver Forschungsarbeit, der Errichtung der Moai nicht geklärt. Es wird vermutet, dass sie berühmte Häuptlinge oder allseits verehrte Ahnen darstellen, die als Bindeglied zwischen diesseitiger und jenseitiger Welt fungierten.

Am ersten Tag auf der Osterinsel starteten wir früh am Morgen mit dem Tenderboot u. kamen bei hohen Wellen und Bewölkung sicher an der kleinen Anlegestelle an. Dort kauften wir für achtzig Dollar pro Person Tickets für zwei Tage, um die Sehenswürdigkeiten der Insel zu betrachten. Die Ortschaft mit ihrem Museum, den Shops mit Kunsthandwerksarbeiten, die ersten Moai und den Minihafen für die kleinen Fischerboote mit ein paar Restaurants, so wie den Fels- / Sandstrandabschnitt mit den Surfern der Insel erkundeten wir am ersten Tag. Die Landschaft war faszinierend, alles so schön grün u. im Hintergrund sanfte Hügel, die mit Gras bewachsen waren, zudem die einfachen bunten Holzhäuser.

Das Meerwasser erscheint in einem schönen und klaren dunkelblau, weil es hier gleich tief ins Meer hinab geht. Im Ort wurde ein Holzpfahl errichtet, an dem Holztafeln mit Richtungsanzeige, Entfernung und den wichtigsten Ortschaften angebracht waren. Da wurde einem nochmals ganz klar, wie isoliert die Osterinsel von allem entfernt ist. Die Wolken hingen am Morgen tief und wir hatten eine hohe Luftfeuchtigkeit zu der drückenden Hitze. Hier sind kurze lockere Hosen und ein dünnes T-Shirt angebracht. Wir kehrten kurz in ein einfaches Restaurant ein, um etwas Erfrischendes zu trinken, das vor allem kühl sein sollte. Weil der Run auf die Taxis, zur Inselrundfahrt, am ersten Tag noch relativ groß war, die Taxis verlangten über zweihundertfünfzig Euro pro Fahrt, wollten wir dies auf den zweiten Tag auf dieser schönen u. ruhigen Insel verschieben. Als wir am Abend auf das Kreuzfahrtschiff zurück kamen, hatten wir nach dem schönen Tagesausflug zu Fuß einen großen Durst.

Nach einer guten Nacht und einem leckeren Frühstück starteten wir unseren zweiten Tag auf der Osterinsel. Kaum waren wir an der Anlegestelle, sahen wir zwei überglückliche Menschen von unserem Schiff, denn sie hatten ihr nagelneues Handy versehentlich im Taxi liegen gelassen und der Fahrer brachte es unaufgefordert den Eigentümern zurück. Das spricht für die Einwohner der Osterinseln, denn woanders wäre es verschollen. An Land suchen wir nach einem Taxifahrer der uns die Insel und alle schönen Plätze zeigt, die wir am ersten Tag nicht sehen konnten. Die ersten Fahrer wollten den gleichen Preis wie am Vortag, deshalb gingen wir etwas weiter weg vom Hot Spot und fragten erneut u. bekamen in einem schönen neuen Mercedes eine halbtägige Fahrt für hundert Euro angeboten. Wir klärten die Details und schon ging es los.

Als Erstes hinauf zum Vulkan, der eine ganz fantastische Sicht
in den Innenraum des erloschenen Vulkans bot. Hier sah man
auf dem Grund lauter kleine Inseln die im Wasser standen und
grasgrüne bewachsene Felswände. Ein unglaublich schönes
Panorama, das ich auf der ganzen Welt so noch nicht gesehen
hatte. Wir besuchten Farmland, Verteidigungsanlagen, alte
Häuser in denen Handwerksprodukte hergestellt wurden, den
wunderschönen Sandstrand der Insel, wo wir auch Zeit hatten
schwimmen zu gehen und ein paar kühle Erfrischungsgetränke
zu genießen, Naturschutzgebiete mit allerlei Tieren und wo
wir gingen und standen natürlich Moai in Hülle und Fülle.
Am äußeren Bergrand der Vulkane fanden wir persönlich
die schönsten, weil der grüne Kontrast zum dunklen Stein
die Figuren besonders gut wirken ließ. Den zweiten Krater,
in dessen Innenraum sich ebenfalls ein Kratersee bildete,
besuchten wir auch, dieser war ganz anders als der erste
Krater und es gab dort eine Art Schilf im klaren Wasser.
Zum Schluss besichtigten wir die Stadt und den neuen
Supermarkt. Aus der Nachmittagtour wurde nun doch ein
ganzer Tag u. deshalb fuhr uns unser freundliche Fahrer direkt
zur Anlegestelle des Tenderbootes unseres Kreuzfahrtschiffes.
Nach diesen zwei wunderschönen Tagen fuhren wir in unserem
schwimmenden Luxushotel Richtung Moorea, einer Traum-
insel im Pazifischen Ozean. Dazu benötigten wir vier Seetage,
auf denen wir alle neuen Eindrücke in Ruhe sortieren konnten.

Moorea besaß in der Vergangenheit schon viele Namen,
z.B. ältere Namen sind Aimeho oder Eimeo, Santo Domingo
und York Island. Die wunderschöne paradiesische Insel im
Süd-Pazifik, die politisch zu Französisch-Polynesien gehört,
bezaubert schon bei der Einfahrt mit dem Kreuzfahrtschiff
ihre Besucher. Rund siebzehntausend Einwohner leben dort
auf der hundertdreiunddreißig Quadratkilometer großen,
dreieckförmigen, Insel. Die höchste Erhebung ist der Berg
Mont Tohiea mit über tausendzweihundert Meter Höhe.

In dem Hauptort Afareaitu leben auf der neunzehn
mal elf Kilometer großen Insel, die meisten Einwohner.

Der erste Europäer der dieses Paradies sah war Samuel Wallis
im Juni siebzehnhundertsiebenundsechzig und nannte die Insel
York Island . Der bekanntere Seefahrer James Cook besuchte
Moorea erst zehn Jahre später, während seiner dritten Reise.
Er ankerte mit seinem Schiffen Resolution und Discovery in
einer Bucht, jedoch nicht in der nach ihm benannten Cook's
Bay. Einer der beliebtesten Sehenswürdigkeit Mooreas ist
die Cook-Bucht, in der regelmäßig Kreuzfahrtschiffe ankern.
Das Postkartenmotiv der tiefblauen Bucht mit weißen Segelyachten und dem achthundertdreißig Meter hohen, dicht
bewachsenen Mont Mouaputa im Hintergrund ist wohl das
am häufigsten fotografierte Südseebild weltweit. Neunzehn-
hundertvierundachtzig wurden in der Opunohu-Bucht einige
Außenaufnahmen des Filmes "Die Bounty" gedreht.

Seit den sechziger Jahren ist der Tourismus die Hauptein-
nahme von Moorea. Die stetig wachsenden Zahlen zeigen
auf, dass es mehr Touristenhotels gibt als auf Tahiti. Hotel-
anlagen aller Kategorien gibt es auf Moorea, aber die Mehrheit bilden teure Luxushotels, diese liegen überwiegend an
der Nord- und Nordwestküste, weil sich hier die schönsten
Strände der Insel finden lassen.

Vom Inselflughafen Moorea gibt es mehrmals täglich Flüge
nach Tahiti, Huahine, Raiatea und Bora Bora und vom Hafen
des Ortes Vaiare verkehrt eine Katamaran-Fähre nach Papeete.
Es gibt auf Moorea eine sechzig Kilometer lange Ringstraße,
dort kann man mit dem öffentlichen Bus "Le Truck", der vom
LKW zum Bus umgebaut wurde, um die Insel fahren. Es reicht
ein Wink und der Bus hält, weil es keine festen Fahrzeiten und
Haltestellen gibt. Wegen der Touristen wurde die Infrastruktur
auf Moorea gut ausgebaut.

Es gibt Banken mit Bankschalter, Post, Polizei, Apotheken, Ärzte, Schulen, örtliche Ambulanzen, Einkaufszentren, usw.

Da wir unbedingt an die Traumstrände der Südsee auf Moorea wollten, buchten wir mit Freunden ein Großraumtaxi und ließen uns für fünf Dollar pro Person zu einem Hotelstrand fahren. Machten einen Termin für die Rückfahrt aus und konnten den herrlichen Strand genießen. In guten zehn Minuten erreichten wir den Traumstrand von unserer Anlegestelle des Tenderbootes. Es gab dort ein kleines Restaurant, eine Bar, Toiletten und schöne Wasserbungalows. In guten zehn Minuten erreichten wir den Traumstrand von unserer Anlegestelle des Tenderbootes. Das Meer war schön klar und leuchtete in unterschiedlichen Blautönen, davor lag eine kleine Insel, die von guten Schwimmern erreicht werden kann. Bei dem fantastischen Wetter machten wir allerlei Blödsinn, schwammen im herrlich warmen und flachen Wasser, tranken das eine oder andere an der Bar, die übrigens teilweise ü. dem Wasser, mit einer fantastischen Aussicht, liegt. Die schöne Insel erscheint eigentlich komplett in zwei Grundfarbtönen, nämlich blau und grün in allen Varianten, abgesehen vom hellen und feinen Sandstrand. Hätte ich fast vergessen, wir wurden ganz traditionell mit Gesang, Tanz und Blumen auf der paradiesischen Insel empfangen und zum Abschied gab es auf unserem Kreuzfahrtschiff eine sehr schöne und natürliche Vorstellung einer einheimischen Tanzgruppe, die den Puls der älteren Damen und Herren höher schlagen ließ. Das war unser Tag im Paradies von Moorea.

Nach dem herrlichen Abend fuhren wir über Nacht nach Papeete auf Tahiti, dies ist die Hauptstadt, mit dreißigtausend Einwohnern, von Französisch-Polynesien. Die Insel Tahiti hat auf einer Fläche von tausendzweiundvierzig Quadratkilometer, mit den Ausmaßen einundsechzig mal neunundzwanzig Kilometer, fast hundertneunzigtausend Einwohner.

Von oben betrachtet erscheint die Insel wie eine Doppelinsel, die aus zwei runden Vulkanen entstanden ist und zusammen wuchs. Die zwei zusammengewachsenen Inseln von Tahiti werden Tahiti Nui "Groß-Tahiti" und dem kleineren und dünner besiedelten Tahiti Iti "Klein-Tahiti" genannt. Tahiti ist die größte Insel von Französisch-Polynesiens und somit auch das wirtschaftliche und kulturelle Zentrum des Archipels. Geografisch zählt Tahiti zu dem Archipel der Gesellschafts-inseln, genauer gesagt zu den Inseln über dem Winde. Die Insel Tahiti wurde im achtzehnten Jahrhundert von dem Seefahrer James Cook entdeckt. Weil diese Insel so schöne Landschaften mit schwarzen Sandstränden, Lagunen, Wasserfällen und den zwei erloschenen Vulkanen bietet, wurde sie gerne vom französischen Maler Paul Gauguin gemalt und ist ein beliebtes Urlaubsziel. Die vulkanische Insel ist landschaftlich von steilen Gipfeln geprägt und ihre höchste Erhebung ist der Berg Mont Orohena mit zweittausendzweihunderteinundvierzig Meter Höhe. Das Leben spielt sich weitgehend auf den schmalen Küstenstreifen ab, der landesinnere Teil ist so gut wie un-bewohnt und dicht mit tropischer Vegetation bewachsen. Die Erschließung in diesem Bereich erfolgt nur durch unbefestigte Wege und Fußpfaden. Tahitis natürliche Strände sind überwiegend aus schwarzem basaltischem Sand, die schönen und gepflegten weißen Hotelstrände sind in der Regel künstlich angelegt.

Am ersten Tag bestaunen wir zu Fuß den schönen und luxuriösen Hafen unserer Anlegestelle in Papeete, hier liegen wunderschöne Segelyachten vom Einmaster bis zum gigantischen Dreimaster, so wie gewaltige Motor-yachten im Hafen der Stadt. Anschließend geht es weiter in die City, um die schönen Gebäude, wie z.B. den Präsidentenpalast, die Römisch-katholische Cathedrale Notre-Dame in Papeete, den   Paofai Tempel, die Markt-halle in Papeete und das große Shoppingcenter, so wie die vielen Marktstände im Hafenbereich zu bestaunen.

Am zweiten Tag auf Tahiti unternehmen wir die
inkludierte Busreise, auf der wir verschiedene Strände,
Leuchttürme, Naturphänomene, Klippen mit Schlamm-
springern, Parkanlagen, Besiedelungs- und Eroberungs-
gedenksteine und Tafeln, so wie weitere wunderschöne
Landschaften u. Küstenabschnitte besuchen. An diesem
Abend essen wir nicht auf unserem Kreuzfahrtschiff,
sondern neben dem Hafen auf dem belebten Platz Place
Vai' ete, auf dem zahlreiche Imbisswagen und kleine
Essstände aufgebaut wurden. Danach schlendern wir
nochmals auf dem nahe gelegenen Markt Marche de
Papeete, auf dem regionale Erzeugnisse, Fisch und
Kunsthandwerk verkauft wird. Einige Mitreisende
kauften hier auf der Insel Perlen, die scheinbar hier
günstig sein sollen. Ich habe keinen Bedarf, weil
meine Frau keinen Schmuck verträgt.

Am dritten Tag unserer Reise, auf der schönen Insel
Tahiti, unternehmen wir einen selbst organisierten
Ausflug in das wunderschöne Hotel Le Meridien. Die
An- und Abreise führen wir mit dem Taxi durch und
den Rest vor Ort. Das Hotel liegt wunderschön in einem
grünen Garten mit vielen Blumen, Bäumen, Palmen und
einem hübsch angelegten großen Teich. Der Sandstrand
ist hervorragend und wir dürfen auch ein paar Wasserbungalows von außen und innen besichtigen. Der Pool ist
mit weißem Sand ausgelegt und verläuft schön flach, so
dass auch ältere Menschen leicht hinein oder hinaus gehen
können. Die schönen und robusten Naturholzliegen stehen
weitläufig um den Pool im weißen Sand u. weitere Liegen
befinden sich in der Grünanlage auf dem Gras unter den
gepflegten Palmen. Natürlich gibt es auch Liegen direkt
am Sandstrand. Die moderne, harmonische u. gemütliche
Hotelanlage gefällt uns sehr gut und wir könnten uns
vorstellen dort auch einmal Urlaub zu machen.

Über Nacht fahren wir auf die Insel Bora Bora u. sehen das wunderschöne Atoll, das hier so typisch für diese Strukturen ist. Bereits Charles Darwin beschrieb diese klassische Form mit einem Zentralberg, sowie einem Korallensaum mit zahlreichen aufliegenden Motus. Motus sind die vom Sandstrand gesäumten Riffinseln eines Atolls. Die von einem Korallenriff geschützte türkisfarbene Lagune des Atolls ist ein beliebtes Schnorchel u. Tauchrevier. Auch hier gibt es schöne Wasserbungalows, sowie ganz exklusive Hotels und Häuser für die Luxusurlauber. Die Insel Bora Bora ist mit ihren neununddreißig Quadrat-kilometern und knapp über elftausend Einwohnern ein wirklich paradiesisches und wunderschönes Fleckchen Erde auf unserem blauen Planet. Der Berg Mont Otemanu, mit seinen siebenhundertsiebenundzwanzig Metern Höhe, liegt im Zentrum der Insel.

Dieses Mal haben wir uns zum Landgang aufgeteilt, Silvia geht mit den Stachelrochen und den Schwarzspitzen-Riffhaien schwimmen, dafür steht sie sogar ganz früh am Morgen auf. Überschwänglich begeistert war sie von dem Tag am Riff, der Lagune und auf einer kleinen Insel. Den großen Stachel-rochen durfte sie sogar mit Fisch füttern. Die über einen Meter langen Schwarzspitzen-Riffhaie sind extrem flink u. wendig. Sie erscheinen, in dem einzigartig schönen türkisenen Wasser, wie die Spitzensportler in der Lagune. Ganz wichtig ist bei diesem Schnorchelgang, das man sich ruhig verhält und nur langsame Bewegungen ausführt. Nach dem gemütlichen und guten Frühstück ging ich entspannt an Land und buchte dort eine Inselrundfahrt mit dem umgebauten LKW zum Bus. Da in dem LKW keine Klimaanlage im hölzernen Fahrgast-raum vorhanden ist, sind alle sehr froh die Fenster geöffnet zu lassen. Es ging einmal um die ganze Insel u. wir stoppten überall wo es schön war. Es gibt hier super Strände, tollen grünen Dschungel und vieles mehr an fantastischen Plätzen.

Die wenigen Kirchen und ein paar interessante Gebäude betrachteten wir und lauschten der einheimischen Band, die eine fantastische Stimmung unter den Besuchern verbreitete, so dass die Gäste mit sangen und tanzten. Die kleine Bar, aus Schilf, auf einer Anhöhe, war auch sehr lustig und urig, so verdiente sich der Inhaber eine goldene Nase. Auf dem Obstmarkt ging es auch recht lustig zu und wir hatten sogar Zeit an einem Traumstrand im herrlichen Wasser schwimmen zu gehen. Hier schwammen sogar die großen Stachelrochen um uns herum, was uns sehr beeindruckte.

Am Abend hatten wir viel zu erzählen, denn jeder wollte vom andern erfahren, was auf seiner Tour zu sehen war. Die nächsten drei Tage genossen wir bei bestem Wetter, mitten im Pazifischen Ozean, auf See und arrangierten uns mit den angenehmen Seiten des Lebens auf dem Kreuzfahrtschiff. Im blauen Meer entdeckten wir das eine oder andere Meerestier und erfreuten uns darüber.

Dann folgte wieder ein spannender Tag, denn wir legten im Hafen von Nuku'alofa auf der Insel Tonga an, der nur ein Kreuzfahrtschiff aufnehmen kann. Nachdem unser Kreuzfahrtschiff angelegt hatte und alles verzurrt war, schwammen in dem klaren und ruhigen Wasser zwei oder mehrere Tiere auf uns zu. Im ersten Moment dachten wir eine Gruppe von Haien zu sehen, dann stellte sich schnell heraus, dass es sich um Adlerrochen handelte, die um unser Schiff schwammen und es immer wieder über Wasser begutachten. Das war eine tolle Sache, denn so konnten wir von unserer Balkonkabine alles schön beobachten.

Nuku'alofa ist die Hauptstadt und der Regierungssitz des wunderschönen ozeanischen Königreiches Tonga.

Die Stadt, mit ihren fünfunddreißigtausend Einwohnern, liegt an der Nordküste der Insel Tongatapu, nur wenige Zentimeter über dem Meeresspiegel. Die höchste Erhebung des Königsreichs ist gerade mal drei Meter über dem Meer. Bei einem starten Sturm, einer großen Welle oder einem Tsunami könnte theoretisch die gesamte Insel überspült werden. Nuku'alofa ist im Staat Tonga das wirtschaftliche Zentrum und Verkehrsknotenpunkt. Der kleine Staat lebt in der Hauptsache von Exportgütern wie Kopra, Bananen und Vanille, so wie seinen traditionellen handwerklichen Produkten. Die Mehrheit der Bevölkerung produziert Lebensmittel zum Eigenbedarf selber, so auch die Grundnahrungsmittel durch Ackerbau, Fischereierzeugnisse und Viehzucht. Aber auch hier auf dem Inselstaat, so wie in der Stadt selber hat der Tourismus eine sehr große Bedeutung. In der Hauptstadt befindet sich auch der größte Industriehafen Tongas, der rund fünfundzwanzig Kilometer vom Internationalen Flughafen Fua'amotu entfernt liegt.

Der Inselstaat Tonga besitzt hundertzweiundsiebzig Inseln, die nur zu einem kleinen Teil von den hundertfünftausend Einwohnern bewohnt werden. Ein Archipel besteht aus Inseln, die durch Korallenriffe entstanden sind und wunderschöne weiße Sandstrände besitzen. Im Innern der Inseln ist meistens tropischer Regenwald zu finden. Das Staatsoberhaupt der parlamentarische Monarchie ist König Tupou VI, in dem kleinen Staat ist die Amtssprache Tongaisch und Englisch. Der beliebte König regiert sein Reich, mit einer Fläche von siebenhundertsiebenundvierzig Quadratkilometer, sehr unbürokratisch und ist nahe an den Bewohnern. Es gibt hier auf Tonga sogar eine Universität, die zusammen mit elf weiteren Inselstaaten ins Leben gerufen wurde u. University of the South Pacific genannt wird. Das Staatsoberhaupt hat dafür gesorgt, dass der Inselstaat sich öffnet u. es den Bürgern gut geht, sie medizinisch versorgt werden und reisen dürfen.

Trotz des stark bewölkten Himmels, hatten wir einen fantastischen Tag auf Tonga. Wir mieteten uns selber ein Taxi um die gesamte Insel zu besichtigen. Unser Fahrer, der mit meiner Frau abgebildet ist, hat ein durchschnittliches Gewicht für die Insulaner auf Tonga. Der Fahrer meinte scherzhaft, auf Tonga fehlt den Menschen ein Gen, deshalb sind die Menschen hier eine der dicksten Nation der Welt. Anschließend betonte er, hier essen alle sehr gerne, gut und vor allem viel. Es war schön, denn er konnte selber über sich und seine Landsleute lachen. Mit ihm hatten wir viel Spaß und er zeigte und erklärte uns alles ganz genau auf der Insel. Die wichtigsten Gebäude, wie alte Kirchen, das neue Parlament, den hölzernen kolonialen Wohn- und Regierungssitz des Königs, das schöne moderne Elternhaus des Königs, Kindergärten, Schulen, Strände, Märkte, Klubhäuser, Flughund-Kolonien, Dschungel, Farmen und die ganz fantastischen Blowholes an einer Küste schauten wir uns an. Ein Blowhole "Blasloch" ist im Sprachgebrauch und in der Geologie eine enge Öffnung am Ende einer Meereshöhle, die über die Höhlendecke hinauf ins Freie reicht und wenn das Meerwasser durch eine Welle hinein gedrückt wird, läuft das Wasser mit Druck in die Höhle und spritzt durch die Öffnungen das Wasser, wie eine Fontäne nach oben. Gerne wären wir noch einen Tag in dem schönen Königreich geblieben, aber wir mussten weiter, um in zwei Tagen Neuseeland, um genau zu sein die Stadt Auckland zu erreichen.

Am ersten Seetagabend bekamen wir eine ganz bunte und extrem exotische Show zu sehen, die alle Gäste auf dem Kreuzfahrtschiff so begeisterte, dass es standing ovation gab. Eine Tanzgruppe aus Neuseeland stieg in Tonga zu und zeigte die traditionellen Tänze der Ureinwohner von Neuseeland. Dabei war es besonders wichtig ein böses Gesicht zu zeigen, die Augen weit aufzureißen und die Zunge so weit wie möglich auszustrecken, so wie laut und böse zu schreien.

In ihrer einfachen und knappen Garderobe zeigten sie zudem ihre jungen und schönen Körper. Ab und zu mussten die Tänzerinnen und Tänzer selber über sich lachen, das machte die Tanzgruppe umso sympathischer. So wurden wir schon ein wenig auf Neuseeland eingestimmt. Das ganz genau auf der anderen Seite der Erde, von Deutschland aus gesehen, liegt.

Als wir am frühen Morgen das Panorama der Stadt Auckland vom Hafen aus erblicken, wird uns sofort klar, wir sind wieder in der Industriewelt und der Großstädte angekommen. Der Traum der schönen und kleinen Südseeinseln liegt nun leider hinter uns, dafür aber die beeindruckende Stadt Auckland auf Neuseelands Nordinsel, ganz im Norden, vor uns. Vom berühmten Sky Tower kann man die große Stadt mit über einer Million siebenhunderttausend Einwohner überblicken. Zu sehen sind die modernen Wolkenkratzer, der Industriehafen, der große Yachthafen mit wunderschönen Segel- und Motorbootyachten, Viadukt Harbour, den ältesten Park der Stadt mit der historischen Gewächshausanlage des Wintergartens, die Strände u.a. Mission Bay Beach inklusive Strandpromenade, so wie die Altstadt und seine schönen kleinen Villen artigen Häuser. Auckland ist wegen seiner guten Lebensqualität und dem angenehmen Klima einer der beliebtesten Städte weltweit. Nur wir haben ein ganz gemischtes Wetter, mal wolkig, etwas Regen oder Sonnenschein.

Neuseeland mit seiner zweihundertsiebzigtausend Quadratkilometer großen Fläche besteht aus zwei Hauptinseln, der Nord- und der Südinsel, sowie mehr als siebenhundert kleineren Inseln. Die zwei Hauptinseln liegen an der engsten Stelle dreiundzwanzig Kilometer auseinander. Wer Glück hat, der kann hier Wale, Delphine und Meeresschildkröten sehen.

Eine ganz außergewöhnliche Tier- u. Pflanzenwelt beherbergt Neuseeland auch. Da es hier kaum große Fleischfresser gibt und die Inseln sehr lange vom Festland entfernt lagen, konnten sich hier ganz außergewöhnliche u. viele endemische Pflanzen und Tierarten entwickeln, diese Situation ist ähnlich wie in Australien. Viele Vögel verlernten im Laufe der Zeit das Fliegen, wie z.B. das Wappentier, der Kiwi und seine Unterarten, so wie viele weitere Vogelarten. Reptilien sind hier so ursprünglich zu finden, wie sonst fast in keinem anderen Land. Bei den Pflanzen gibt es hier beispielsweise die Riesenfarne, das sind die größten Farne der Welt, die aussehen wie kleine Palmen. Leider haben die Europäer bei ihrer Besiedelung viele Nutztiere nach Neuseeland und Australien mitgebracht, so zum Bespiel die Kamele, mit denen Australien erst urbar gemacht werden konnte. Die später ausgesetzt und ausgewildert wurden, als der Mensch sie nicht mehr benötigte, ebenso die Pferde. Aber ganz schlimm war das einschleppen der Ratten, Mäuse, Katzen und Hunde, die dafür sorgten, dass die ursprüngliche Tierwelt nahezu ausgerottet wurde. Manche Tierarten können nur noch isoliert auf einzelnen Inseln überleben. Auch das einschleppen von Kaninchen und der Aga-Aga-Kröte in Australien brachte verehrende Folgen mit sich.

Wir haben an diesem Tag einen inkludierten Ausflug u. werden mit dem Bus durch die Stadt und das nahe Umland geführt. Dort schauen wir uns den berühmten Wintergarten, einen botanischen Garten mit seinen großen Gewächshäusern und einer Vielzahl von einheimischen Farnen, Bäumen u. Pflanzen an. Für einen Spaziergang durch den sehr schön angelegten Park haben wir genügend Zeit bekommen. Danach betrachteten wir das Parlament, Theater, Museen, die Altstadt, den Yachthafen, die hübschen Villensiedlungen u. das Panorama der schönen Stadt aus mehreren Perspektiven. Nach diesem schönen Tag kann ich bestätigen, warum sich die Menschen hier so wohl fühlen und in der Stadt Auckland so gerne leben.

In den nächsten drei Tagen fahren wir Richtung Australien und hier sind wir schon sehr gespannt was uns dort alles an Schönem und sehenswerten vor die Augen kommt und welche Erlebnisse wir dort haben werden. In den drei Seetagen überlassen wir nicht alles dem Zufall, sondern buchen in Sidney schon mal ein Auto für den ersten der zwei Tage in der Stadt.

Es ist so spannend für uns, denn in wenigen Tagen dürfen wir das erste Mal Australien betreten. Wir kennen das Land und seine Flora und Fauna, die Tierwelt sowieso und auch alle wichtigen Sehenswürdigkeiten des riesigen Landes noch nicht, bzw. nur aus Büchern und Dokumentationen. Das Land und der Kontinent Australien, mit seinen gerade mal sechsundzwanzig Millionen Einwohnern, liegt zwischen dem Indischen u. dem Pazifischen Ozean. Auf einer Fläche von knapp sieben Million siebenhunderttausend Quadratkilometern leben diese wenigen Menschen, das sind gerade mal drei Einwohner pro Quadratkilometer. Das Land hat so viel zu bieten, dass ich hier wirklich nur einen kleinen Ausschnitt zeigen u. beschreiben kann. Im Inland ist es heiß und trocken wie in einer Halbwüste oder Buschlandschaft, grün und bewaldet ist Australien im Norden, Osten, Südosten und Südwesten, dagegen befindet sich der trockenste Küstenbereich im Nordwesten des Landes. Die Insel Tasmanien im Südosten ist auch noch relativ stark bewaldet und dient vielen aussterbenden Tierarten als letzter Zufluchtsort. Im Nordwesten befindet sich das Great Barrier Reef, es ist das weltgrößte Reef und mit seiner einzigartigen und artenreichen Tierwelt unter Wasser unübertroffen. Die großen Städte des Landes, wie Sydney, Brisbane, Melbourne, Perth u. Adelaide liegen an den Küsten, aber die Hauptstadt Canberra befindet sich im Landesinneren. Es gibt hier auf dem Kontinent eine Vielzahl von endemischen Tieren, z.B. Kängurus in allen Größen u. Farben, die alle Lebensräume des Landes besiedelt haben. Sie leben in der Halbwüste, den Bäumen, auf Felsen, oder im Buschland, nur das Wasser meiden sie.

Ein Weiteres ganz außergewöhnliche Tier ist das Schnabeltier, das im Wasser wie ein Bieber lebt, Insekten und Würmer mit seinem entenförmigen Schnabel fängt und zur Fortpflanzung als Säugetier Eier legt wie ein Vogel. Sehr bekannt ist natürlich der eukalyptusfressende Koala, der durch sein niedliches und kindliches Gesichtsschema und der Form eines Teddybären sofort bei allen Menschen in ihr Herz geschlossen wird. Der schwarze tasmanische Teufel oder auch Beutelteufel genannt, so wie der Schnabeligel und viele weitere außergewöhnliche Tiere leben hier auf dem Kontinent in Australien.

Wir haben das Glück und legen unweit der Oper in Sidney, im großen Becken, vor Anker und dürfen schon ganz früh mit dem Tenderboot an Land. Nun sind wir in der größten Stadt von Australien, die rund fünfeinhalb Millionen Einwohner hat. Hier werden wir uns alle wichtigen Sehenswürdigkeiten anschauen. Es ist ein unheimlich schönes und ein ergreifendes Gefühl dies alles mit den eigenen Augen sehen zu dürfen. Das Mietauto habe ich sofort geholt und schon sind wir in Richtung Blue Mountains unterwegs. Die Blue Mountains sind eine zerklüftete Region, siebzig Kilometer westlich von Sydney im Bundesstaat New South Wales. Die eindrucksvolle Landschaft umfasst steile Felswände, Eukalyptuswälder, Wasserfälle und ein paar wenige Dörfer. Der Ort Katoomba liegt neben dem Blue-Mountains-Nationalpark, der zahlreiche Wanderwege durch das Buschland bietet. Von Echo Point aus sehen wir einer der natürlichen Hauptattraktionen, nämlich die legendären Sandsteininformation der Three Sisters. Wir wandern ein wenig durch den Nationalpark zum Wasserfall Katoomba Falls. Es ist eine schweißtreibende Angelegenheit in der feuchten und warmen Luft die Berge hoch u. runter zu laufen, aber trotzdem atemberaubend und einzigartig schön diese Blauen Berge zu sehen, die natürlich im Bestand des Weltnaturerbes der UNESCO enthalten sind. Danach fuhren wir wieder zurück und weiter nach Wollongong.

Auf der Autobahn gab es einen Stau und so plauderten
wir ganz entspannt mit einem australischen Truckerfahrer,
als würden wir uns schon zwanzig Jahre kennen. Das war
ein wirklich tolles Erlebnis, wir fühlten uns aufgenommen
in diesem wunderschönen Land. Schauten uns die kleine
Stadt am Meer, mit den breiten und schönen Sandstränden
ein wenig an und machten uns anschließend auf den Rückweg. Am späten Abend, nachdem wir das Auto wieder
abgaben, liefen wir durch die Stadt und schauten uns
die schönsten Plätze an. Als Letztes tranken wir noch ein
frisches kühles Bier in einem Biergarten in Sidney. Dann
aber schnell auf das Kreuzfahrtschiff, den es war fast schon
Mitternacht. Vor lauter Begeisterung hatten wir die Zeit aus
den Augen verloren. Am zweiten Tag gab es eine Busrund-
reise, auf der wir alles was Sidney ausmacht sehen konnten.
Das war die Oper außen und innen, die Harbor-Bridge mit
Begehung, einen Tierpark in der Stadt, die City, die Altstadt,
die wunderschönen Wohngebiete und die Wolkenkratzer,
die Sandstände und das historische Hotel Bondi. Dann
durften wir noch zwei Stunden ans Meer, die wir zum
Schwimmen u. zur Besichtigung des kleinen Ortes nutzten.
Am Abend, nach der Busfahrt sind wir wieder bis Mitternacht in der Stadt unterwegs gewesen, es war fantastisch.

Leider mußten wir auch Abschied von Sidney nehmen
und waren einen entspannten Seetag nach Melbourne im
Pazifischen Ozean unterwegs. Bisher hatten wir auf der
gesamten Reise keinen Sturm o. gar sehr starken Wellengang u. so verlief auch dieser Seetag bei schönstem Wetter.
Unser Theater unterhielt uns am Abend wieder erstklassig,
es gab auf der ganzen Reise ein abwechslungsreiches und
interessantes Programm, so war das Theater immer bis auf
den letzten Platz besetzt. Mal gab es eine italienische Oper,
Schlager, Rockmusik, Musicals, Akrobatik o. Auftritte von
Zauberkünstlern und immer mit den fantastischen Tänzern.

Die Tanzgruppe war eine Augenweide, für die Damen und Herren. Es gab tolle Themenshows mit entsprechenden Kostümen. Die Garderobe ging von verspielt, romantisch, märchenhaft, gruselig, modern, bis sehr erotisch. Mir gefiel das Musical "König der Löwen" mit den Tänzern, Sängern und Akrobaten auf der Bühne besonders gut, weil wie bei vielen Shows, alles fließend ineinander überging oder parallel auf der Bühne präsentiert wurde und das Thema, so wie die Ausführung die Gäste begeisterte. So vergingen immer alle erholsamen Tage auf See wie im Flug und wir erreichten unser nächstes Ziel in Australien, nämlich die Stadt, oder besser gesagt den Hafen von Melbourne.

Melbourne, mit fast viereinhalb Millionen Einwohnern, ist die Hauptstadt des Bundesstaates Victoria in Australien. Somit ist sie die zweitgrößte Stadt in Australien. Die Stadt wurde achtzehnhundertsiebenunddreißig nach dem damaligen brit. Premierminister Lord Melbourne benannt und ist katholischer sowie anglikanischer Erz-bischofssitz. Die Bevölkerung der Stadt besteht zum größten Teil aus Einwanderern, die unter anderem chinesischer, britischer, griechischer, italienischer, irischer, kroatischer oder vietnamesischer Herkunft sind und somit das bunte Stadtbild prägen.

Unter anderem lebt die Stadt vom Schiffbau, den Erdöl-produkten aus den Werften und Raffinerien an der Port Phillip Bay, sowie Chemikalien, Druckerzeugnissen, Metalle, Kraftfahrzeuge, elektrischen und elektronischen Geräten, Maschinen, Textilien, Kleidung, Papier und Nahrungsmittel werden hergestellt. Zudem wächst in Melbourne die Dienstleistungsbranche stetig an und sorgt für guten Umsatz. Die Autohersteller Daimler u. Porsche haben ihren australischen Hauptsitz in Melbourne, so wie der GM-Tochter-Konzern Holden u. die Foster's Brauerei.

Die Stadt ist ein wichtiges Finanzzentrum, deshalb legten Weltkonzerne ihr Hauptquartier nach Melbourne.

Unterwegs auf dem Kreuzfahrtschiff hatten wir für den ersten Tag in Melbourne auch wieder ein Auto gemietet und deshalb konnten wir gleich vom Hafen starten. Das deutsche Mietauto war fast neu und lief hervorragend, so kamen wir schnell und gut zu unserem ersten Tagesziel, das vom Hafen des Kreuzfahrtschiffeses achtzig Kilometer entfernt lag, der Healesville Sanctuary Park. Dies ist ein Park oder Zoo, der sich auf einheimische australische Tiere spezialisiert hat. Er liegt in Healesville im ländlichen Victoria und hat eine lange Erfahrung in der Zucht einheimischer Tiere. Der Park wurde im Jahre neunzehnhundertvierunddreißig eröffnet. Auf einer Fläche von rund dreißig Hektar werden sehr viele Tiere gezeigt. Der Eintritt kostet rund vierundzwanzig Euro pro Person. Vom Preis waren wir erst etwas überrascht, im Nachhinein ist das Geld gut investiert und es machte uns viel Freude hier spazieren zu gehen u. die vielen einheimischen Tiere aus der Nähe zu beobachten. Überall stehen übergroße, schön geschnitzte Tiere und alles wird mit Tafeln, usw. gut erklärt. Einen Kuala durfte Silvia sogar auf den Arm nehmen, natürlich im Beisein eines gut ausgebildeten Rangers. Auf jeden Fall konnten wir im Reservat u.a. Koalas, Kängurus, Wombats, Emus, Schnabeltiere, Schnabeligel, Pelikane, Flughunde, Papageien, Wasservögel und Dingos, die stummen Wildhunde ganz aus der Nähe beobachten. Zudem gibt es eine Reptilienausstellung und eine Freiflug-Präsentation mit australischen Raubvögeln wie dem Keilschwanzadler und bunten Papageien. Der Park Healesville Sanctuary engagiert sich auch für die Erhaltung der heimischen Tierwelt.

Im Australian Wildlife Health Centre werden verwaiste, kranke oder verletzte Tiere wieder aufgepäppelt und später in ihre natürliche Umgebung ausgewildert.

In den Nationalpark Yarra Valley schauten wir anschließend und besuchten das Weingut Bortoli, auf dem alles über Wein zu erfahren war und dieser ausgiebig getestet werden durfte. Zudem gibt es ein schickes Restaurant auf dem Gut mit einer ausgezeichneten Küche. Das Farmland mit seinen vielen schönen Rindern beeindruckte uns auch ganz ordentlich.

Wir nutzen die Zeit nach der späten Rückgabe des Autos, um die Innenstadt von Melbourne bei Nacht anzuschauen.

Den zweiten Tag in Melbourne gestalteten wir u.a. mit der Besichtigung der Innenstadt, die einiges an Abwechslung bot. Als Erstes nutzten wir die historische, kostenfreie Straßenbahn und fuhren einmal im Quadrat um die Innenstadt. Danach stiegen wir immer wieder ein und aus um z.B. die schönen historischen Gebäude, Kirchen, Chinatown oder die Parkanlagen zu besichtigen. Die Stadt ist sehr aufgeräumt und überall sind freundliche offizielle Personen in Uniform, die den Touristen gerne helfen, sich in der Stadt zurechtzufinden. Das war übrigens in allen australischen Großstädten so, die wir auf dieser Weltreise besuchten. Am Nachmittag holten wir unsere Badesachen und gingen schwimmen, direkt neben der Anlegestelle unseres Kreuzfahrtschiffes. Der helle Sandstrand war sehr breit und unendlich lang, es gab nach der Strandpromenade viele Restaurants, Bars, Geschäfte, Hotels und Pensionen. Trotz des fantastischen Wetters war der schöne Strand bei weitem nicht überfüllt.

Die schönen Gebäude und die Atmosphäre in der City wollten wir nochmals in der Nacht sehen und genießen, deshalb zog es uns wieder dorthin.

Nach diesen zwei fantastischen Tagen in Melbourne, durften wir uns wieder drei Seetage lang ausruhen, bis wir um Südaustralien herum in der Hafenstadt Fremantle anlegten.

Im Hafen von Fremantle wurden wir von einer Western-Band mit Gesang und flotter Musik herzlich empfangen.

Fremantle ist eine kleine Stadt mit rund achttausend Einwohnern und liegt an der Westküste Australiens. Sie dient der großen Stadt Perth als Hafenstadt.

Bei durchwachsenem Wetter schauten wir uns, ein wenig in der Stadt um, entdecken dabei das Kriegerdenkmal auf einem schönen grünen Hügel am Stadtrand, die Innenstadt mit ihren schönen gepflegten historischen Gebäuden, die alte Tramp, den historischen Bahnhof , bunte Sittige und Papageien gab es in der ganzen Stadt und sahen am anderen Ende des Hafens das Kreuzfahrtschiff Artania liegen. In Fremantle darf man mit der Blueline und Redline, das sind zwei große Buslinien, gratis in der ganzen Stadt fahren, was wir natürlich gerne in Anspruch nahmen.

Zur Mittagszeit holte uns der Bus des inkludierten Ausflugpakets am abgesprochenen Treffpunkt ab und wir fuhren Richtung Perth.

Perth ist die Hauptstadt, mit über zwei Millionen Einwohnern, des Bundesstaats Western Australia und liegt an der australischen Südwestküste, direkt an der Mündung des Swan Rivers. Die Stadt Perth ist mit Abstand die größte Stadt in seinem Bundesstaat und extrem beliebt bei seinen Bürgern, wegen seiner hohen Lebensqualität. Hier wird das Geld mit der Erdölindustrie und dem Bergbau verdient.

Bevor wir in Perth ankamen, machten wir mit dem Bus einen Zwischenstopp und schauten uns das Breakwater an, dies ist ein Einkaufszentrum, das schwimmend auf dem Meerwasser aufgebaut wurde. Dort erwarben wir Souvenirs und etwas Erfrischendes zum Trinken. Das Wetter erreichte seinen negativen Höhepunkt in Perth, denn es regnete dort und dann bildete sich ein schöner Regenbogen über dem höchsten Wolkenkratzer der Stadt. Im Regen schauten wir uns den Kings Park and Botanic Garden an. Der Kings Park ist eine Mischung aus gepflegtem Parkland, botanischem Garten und zwei Drittel naturbelassenen Landschaften. Mit seiner Größe von über vierhundert Hektar zählt der Park zu den größten Stadtparks weltweit und ist sogar größer als der dreihundertneunundvierzig Hektar große Central Park in New York. Achtzehnhundertzweiundsiebzig wurde der Park das erste Mal eröffnet und ständig vergrößert. Neunzehnhundertfünfundsechzig wurde im Kings Park der siebzehn Hektar große westaustralische Botanische Garten eröffnet. Zur Erinnerung an Edith Cowan, die erste Frau, die im Jahr neunzehnhunderteinundzwanzig in ein australisches Parlament gewählt wurde, ist am Eingang des Parks ein steinerner Uhrturm, genannt Edith Dircksey Cowan Memorial, aufgestellt worden. Im Park hat man ein wunderschönes Panorama und kann herrlich über die Stadt oder die Insel blicken. Auf dem Rückweg nach Fremantle zeigte das Wetter in Australien nochmal ein bezauberndes Gesicht und so konnten wir das Meer mit seinen hellen Stränden bei schönstem Licht betrachten. Den Abend verbrachten wir noch in Fremantle und ließen die traumhafte Zeit in Australien, bei einem kühlen Bier, in einer Westernbar ausklingen. Ein wenig Wehmut kam auf, denn es war ein einmaliges Erlebnis. Wir sahen nur kleine Ausschnitte von diesem wunderschönen Kontinent, aber das reichte uns aus, um die Schönheit der Landschaften, der tollen Städte und der faszinierenden Tierwelt zu entdecken.

In der Nacht legte unser Kreuzfahrtschiff in Fremantle ab und wir sahen bei der Hafenausfahrt nochmals die Lichter und die Fassetten der Stadt.

In den nächsten sieben Seetagen ging es hoch her auf unserem schwimmenden Luxushotel, denn wir feierten die weiße Nacht, Gala- und Themenabende, so wie ein zweites Mal die ganz große Neptunparty, bei der zweiten Überquerung des Äquators. Hier konnten die Gäste sich vom Meeresgott Neptun in aller Form und ganz ausgiebig taufen lassen. Das war ein riesiges Spektakel auf dem ganzen Schiff, den die Gäste sichtlich genossen. Für die Weltreise hatten wir uns extra ein eigens kreiertes T-Shirt anfertigen lassen. Auf der Vorderseite "Silvia on board" oder "Wolfgang on board" mit einem Tau und Anker, auf der Rückseite die Aufschrift Weltreise und ein Aufdruck eines Segelbootes unter vollen Segeln.
Wir durchquerten den Indischen Ozean, sahen wieder allerlei Meeresbewohner und hatten richtig tolles Wetter bei geringem bis mittlerem Seegang, der von allen Mitreisenden sehr gut vertragen wurde. Die sieben Seetage vergingen wie im Flug und wir hatten nie Langeweile an Board unseres Kreuzfahrt-schiffes.

Am achten Tag nach Fremantle wachten wir auf und lagen schon im Hafen der Stadt Colombo, im Staate Sri Lanka. Das war seit langem das erste Land in der nördlichen Hemisphäre, quasi unserer Erdhälfte.

In Sri Lanka waren wir schon sehr oft und weil wir nur einen Tag Zeit hatten, entschieden wir uns wiedermal für den Besuch des Elefantenwaisenhauses in Pinawela, weil uns der Anblick der gewaltigen grauen Riesen jedes Mal faszinierte, vor allem in der freien Natur.

Die Stadt Colombo, mit ihren über achthunderttausend Einwohnern, ist die Hauptstadt von Sri Lanka und hat eine lange Geschichte als Hafen auf den alten Ost-West-Handelswegen. Sie wurde schon von den Portugiesen, Holländern und Briten beherrscht. Die ganze Geschichte spiegelt sich in der Architektur wieder, denn hier stehen Gebäude aus der Kolonialzeit neben Hochhäusern und Einkaufszentren. Die Stadt ist sehr lebendig und wirkt bunt und etwas ungeordnet bezüglich seiner extrem gemischten Architektur. Das große National Museum of Colombo, das sich ausführlich mit der Landesgeschichte befasst, grenzt direkt an den weitläufigen Viharamahadevi Park und seine riesige Buddha-Statue. Für die Gäste aus dem Ausland gibt es hier einen internationalen Flughafen, so dass ein Badeurlaub an den endlos langen und wunderschönen Sandstränden Sri-Lankas, oder einer Rundreise in dem bezaubernden und exotischen Land nichts entgegen spricht.

Die Insel Ceylon, die heute Sri Lanka heißt ist sechsundsechzigtausend Quadratkilometer groß und es leben rund zweiundzwanzig Millionen Menschen auf der Insel. Sie liegt südlich von Indien im Indischen Ozean. Die tropische Insel ist sehr Tier- und Artenreich, die vielfältige Landschaft reicht von Regenwald und trockenen Ebenen bis zu Hochland und Sandstränden. Nach den breiten, langen und hellen Sandstränden folgt meistens ein dichter tropischer- und grüner Dschungelwald. Sehr berühmt sind die alten buddhistischen Ruinen, so wie die Festung Sigiriya aus dem fünften Jahrhundert mit ihrem Palast und den Fresken. In der einstigen Hauptstadt Anuradhapura gibt es heute noch viele Überreste von Gebäuden, die über zweitausend Jahre alt sind.

Im Hafenbereich winken wir uns per Handzeichen ein Taxi und verhandeln den Preis, so kommen wir für sechzig Euro einen gesamten Tag nach Pinawela und zurück.

Es ist ein modernes Auto mit Hybridantrieb, damit haben wir hier auf Sri Lanka noch nicht gerechnet. Wer sich viel günstiger transportieren lassen möchte, der mietet sich ein Tuc Tuc mit Fahrer, das ist ein Dreirad mit maximal sechs überdachten Sitzplätzen für die Gäste. Ganz Mutige mieten sich ein kleines Motorrad für vier bis zehn Euro pro Tag und fahren selber.

Pinawela ist ein Ort in der Provinz Sabaragamuwa nahe der Stadt Kegalle. Das Elefantenwaisenhaus verschaffte dem Ort seine Bekanntheit, dort werden verwaiste oder verwundete Elefanten in natürlicher Umgebung gepflegt und Elefantenbabys mit der großen Flasche von Hand aufgezogen werden. Zum Trinken und Baden dürfen die Elefanten zweimal täglich zum nahe gelegenen Fluss selbstständig, unter Aufsicht der Mahuts, durch das Dorf laufen. Das ist ein gewaltiges Spektakel und schön anzuschauen, wenn die edlen Tiere sich ins Wasser begeben u. schwimmen oder baden, vor allem mit dem natürlichen Hintergrund, den vielen Palmen, ganz einmalig. In der Anlage selber konnten wir den Elefanten beim gemütlichen Fressen u. die Jungtiere beim Spielen beobachten, ohne einen störenden Zaun dazwischen. Die Herde ist groß und es dürften so um die achtzig Tiere sein. Wer möchte, kann für ein paar Euro extra, die große Flasche den Babyelefanten zum Trinken geben. Der Eintritt ist auch für uns nicht günstig, aber er kommt den Tieren und der Bevölkerung zu Gute, zudem wird den Inselelefanten geholfen. Auf dem Rückweg besuchen wir noch ein paar Tempel und Reisfelder, so wie einen kleinen Shop für Zigaretten und Alkoholika, denn Silvia braucht Zigaretten und möchte eine Flasche vom hiesigen Alkohol als Souvenir mitnehmen. Das war unser schöner Tag auf der Gewürzinsel Sri Lanka.

Über Nacht fahren wir nach Kochi in Indien, dort verbringen wir zwei ganze Tage in der Alt- und Neustadt.

Kochi ist eine Stadt des indischen Bundesstaates Kerala, in der rund siebenhunderttausend Einwohner leben, sie liegt im Südwesten von Indien. Der natürliche Hafen existiert seit dreizehnhunderteinundvierzig, durch eine Flut wurde das Hafenbecken der Stadt ausgehöhlt und es konnte anschließend für arabische, chinesische und europäische Händler geöffnet werden. Die Sehenswürdigkeiten, wie z.B. das Fort Kochi spiegeln diese Einflüsse wieder. Es handelt sich um eine Siedlung mit kolonialen einstöckigen Ziegelhäusern und verschiedenen Andachtsgebäuden, die inzwischen sehr schön restauriert wurden. Ausladende chinesische Fischernetze sind für Kochi typisch und werden bereits seit Jahrhunderten zum Fischen, über einfache Hebelmechanismen, genutzt.

Das Land Indien ist das siebtgrößte Land der Erde, es erstreckt sich auf der Nord-Südachse über dreitausendzweihundert Kilometer und auf der Ost- Westachse über dreitausend Kilometer. Das vielfältige Land, reicht von den Gipfeln des Himalayas bis zur Küste des Indischen Ozeans. In seiner über fünftausendjährigen Geschichte findet man im Norden Wahrzeichen des Mogulreichs wie das Rote Fort, in Delhi und die riesige Moschee Jama Masjid, außerdem das berühmte Mausoleum Taj Mahal in Agra. Millionenfach baden Pilger im Wasser des heiligen Ganges in Varanasi. Ein Yogazentrum und der Ausgangspunkt für Wanderungen in den Himalaya, liegt in Rishikesh.

Wegen seiner Größe und der Landschaftsvielfalt findet man in Indien eine äußerst artenreiche Tierwelt. Es wird geschätzt, dass rund dreihundertfünfzig Säugetier-, tausendzweihundert Vogel-, vierhundert Reptilien- und zweihundert Amphibienarten in Indien heimisch sind.

Durch die rasante Ausbreitung der Bevölkerung des Landes kommen viele Arten nur noch in Rückzugsgebieten wie Wäldern, Sümpfen, Berg- und Hügelländern vor. In den Fischreichen Gewässern des Landes sind über zweitausendfünfhundert Fischarten zu finden. Das größte Säugetier in Indien ist der Indische Elefant, gefolgt vom über dreihundert Kilogramm schweren Königstiger. Weitere Großkatzen in Indien sind die Leoparden und Löwen. Letztere sind nur noch im Gir-Nationalpark in Gujarat, dem letzten Rückzugsgebiet des Asiatischen Löwen, anzutreffen. In den hohen Gebirgsregionen des Himalayas ist noch der äußerst scheue u. seltene Schneeleopard zu finden. Das fast ganz ausgerottete Panzernashorn lebt nur noch in Sumpf- und Dschungelgebieten in Assam, vor allem im Kaziranga-Nationalpark.

Dagegen sind noch weit verbreitet die Paarhufer zu sehen. Zu dieser Tiergattung gehören unter anderem Wildschweine, Muntjaks, Sambars, Axishirsche, Schweinshirsche, Barasinghas, Wasserbüffel, Gaur sowie mehrere Antilopenarten.

Die pferdeartigen Tiere sind durch den Kiang im Himalaya und den Khur, eine Unterart des Asiatischen Esels, in der großen Halbwüste von Gujarat anzutreffen. In den Trockengebieten des Nordwestens leben noch einige indische Halbesel, die sich vor allem im Dhrangadhra-Wildreservat im Kleinen Rann von Kachchh aufhalten.

Weile die Rhesusaffen bei den Hindus in Indien heilig sind, leben sie ganz ungeniert auch in den Städten und vermehren sich prächtig, , ebenso die Indischen Hutaffen und die Hanuman-Languren und weitere Affenarten, wie die Langurenarten und die Makaken, eben all diese Tiergattungen gehören dazu.

Seltene Tiere in Indien sind dagegen die Weißbrauen-
gibbons und Nebelparder, so wie die Säugetiere der Rothunde,
Streifenhyänen oder Bengalfüchse, die hauptsächlich Gras-
landschaften bewohnen. In den dichten Wälder leben noch
Lippenbären. Im Ganges, Brahmaputra und deren Neben-
flüssen findet man mit viel Glück noch den Gangesdelfin.

Der Pfau gilt als Nationalvogel und ist weit verbreitet.
Häufig sind auch Tauben, Krähen, Webervögel, Spechte,
Pittas, Drongos, Sittiche, Nektarvögel und Pirole zu sehen.
In den vielen Feuchtgebieten leben Störche, Reiher, Kraniche,
Ibisse und Eisvögel. Als fast ausgerottet gelten die Schmutz-
und Bengalgeier.

Über fünfzig Prozent der Reptilien sind in Indien Schlangen,
wie z.B. die Brillenschlange, die Königskobra und der Tiger-
python. In Feuchtgebieten lassen sich noch Sumpfkrokodile,
oder den ganz seltenen und fischfressenden Gangesgavial
finden. Es gibt im südlichen Indien und Sri Lanka sogar
Chamäleons, dies ist eine Besonderheit, denn ansonsten
gibt es in ganz Südasien keine Tiere dieser Gruppe.

Nachdem unser Kreuzfahrtschiff in Kochi angelegt hatte,
standen bestimmt fünfzig Busse zur Verfügung, um eine
Rundfahrt in die Stadt zu unternehmen. Das arme Land
wollten wir aber gerne auf eigene Faust entdecken und
so entschieden wir uns am ersten Tag mit einer alten und
verrosteten Fähre, in der nur Inder saßen, zu benutzen
und damit in die Altstadt von Kochi zu fahren. An einer
Insel mit sehr schönen Gebäuden fuhren wir vorbei,
direkt auf die andere Seite des Hafens und stiegen dort
an der Anlegestelle der Altstadt aus. Es war furchtbar
warm und schwül, die Menschen sehr freundlich und
hilfsbereit.

Im Schatten der Häuser schlenderten wir durch die Altstadt, die vom Handel mit Reis und Gewürzen zu leben schien. Es fuhren Trucks durch die engen Gassen, aber auch Holzkarren, schwer beladen, wurden diese von Menschen gezogen oder geschoben. Viele Häuser sahen sehr verkommen und verarmt aus, es gab aber auch immer wieder schön renovierte oder neu gebaute Häuser und Hotels, wie zum Beispiel das weiße Ayana Fort Kochi. Weiter weg vom Wasser standen auch große Villen mit hohen Mauern und Stacheldraht, so wie mit vielen angebrachten Sicherungs-kameras. Am Meer konnten wir die einfachen Holzgestelle mit den Fischernetzen sehen, die zum Fischen abgelassen wurden und nach einiger Zeit der Fang aus dem Wasser gehoben und freudig die vollen Netzte geleert wurden. Mit den Einheimischen konnten wir uns immer wieder mal unterhalten, ebenso durften wir in die Gebäude und Hotels, so bekamen wir einen guten Eindruck von der Altstadt Kochi. Am Abend fuhren wir, ganz schön erschöpft, mit der rostigen Fähre wieder zurück, auch diesmal waren wir die einzigen Fährgäste, die nicht aus Indien kamen. Dieses Erlebnis mit der einfachen Bevölkerung war für uns sehr interessant.

Am nächsten Morgen starteten wir in die Neustadt, auch wieder mit der alten verrosteten Fähre. Es war alles nicht mehr so fremdartig, deshalb trauten wir uns ein wenig mehr zu. Hier standen große Hochhäuser an der Wasserlinie, es gab viele moderne Einkaufsläden, Kirchen, kleine Tempel, einen Park und auch wieder freundliche und hilfsbereite Menschen, so wie unzählige kleine Motorräder, die vor den Geschäftshäusern parkten. Hinter der ersten schönen Fassade sah es dann aber schnell wieder wie in der Altstadt aus, nur gab es hier deutlich mehr Verkehr und Trubel. In jeder der einfachen Straßen und dessen primitiven Verkaufshäusern wurde je Straße ein Produkt verkauft, z.B. in einer Straße nur Sanitätsmaterial, in der anderen alles über Elektroartikel, usw..

Einen Friseurladen entdeckten wir auch und ich ließ mir dort die Haare schneiden, der Spaß kostete mich einen Dollar. Der Friseur war sehr akkurat und arbeitete schnell, ich war mit dem Ergebnis sehr zufrieden. Mit meinem deutschen Haar benötigte er weniger als die halbe Zeit, als für die einheimische Kundschaft aus Indien, mit ihrem vollen und kräftigen Haar. An ein paar Straßenständen trauten wir uns sogar etwas zu essen. Es schmeckte gut u. frisch, wir wurden nicht enttäuscht. In den Shoppingcentern gab es internationale Ware und alles war gut klimatisiert, eventuell etwas zu kühl eingestellt.

Über Nacht fuhren wir nach Mormugao und wollten die Stadt anschauen, da aber Silvia in der Nacht eine Plombe aus dem Zahn heraus fiel, starteten wir den Tag mit einem Besuch beim Zahnarzt in Mormugao. Die Zahnarztpraxis war modern und hochwertig eingerichtet, darüber waren wir erstaunt. Nach dem Zahnarztbesuch fuhren wir zum Schiff zurück u. schnappten unsere Badesachen, um an einen der Strände in der Nähe zu fahren. Denn der Bundesstatt Goa ist bekannt für seine schönen hellen Sandstrände. Unser Taxifahrer hatte uns einen ganz bezaubernden Platz heraus gesucht, es gab außer dem fantastischen und fast leeren Strand eine tolle Kneipe, die ein kühles und ganz großes Bier verkaufte. Wegen der großen Hitze und Silvia Zahnbehandlung tranken wir ausnahmsweise zwei kühle Bier. Am Abend holte uns der Fahrer wieder ab u. wir schauten uns noch ein wenig im Hafen bei den Fischern um und spazierten durch den Hafenabschnitt mit den vielen bunten Personenschiffen. Schon war unser entspannter Tag in der hunderttausend Einwohnerstadt Mormugao zu Ende. Trotz des schlechten Startes, wurde es ein wunderschöner Strandtag in Goa.

Über Nacht steuerte unser schwimmendes Luxushotel den Hafen von Mumbai an und auch hier waren wir sehr überrascht was uns hier alles geboten wurde.

Die größte Stadt in Indien und einer der größten Städte der Welt ist Mumbai, die innerste Stadt hat ungefähr dreizehn Millionen Einwohner, mit den Vororten die zur Stadt dazu gehören und sich Mumbai Metropolitan Region nennt sind es um die neunundzwanzig Millionen Einwohner. Experten gehen davon aus, dass es deutlich mehr Menschen sind, weil die Registrierung und die Meldepflicht der indischen Bewohner nicht so ernst genommen wird. Mumbai wurde bis neunzehnhundertsechsundneunzig offiziell Bombay (englisch) genannt, sie ist die Hauptstadt des Bundesstaates Maharashtra in Indien und die wichtigste Hafenstadt des Subkontinents. Das Stadtzentrum liegt auf einem schmalen Landstreifen, der von der sumpfigen Küste in das Arabische Meer hinein ragt. Die Megastadt ist das wirtschaftliche und kulturelle Zentrum Indiens. Das Kulturzentrum der Stadt besitzt Universitäten, Theatern, Museen und Galerien.

Der berühmte Torbogen "Gateway of India" im Hafen von Mumbai, der von den Engländern im Jahre neunzehnhundert-vierundzwanzig erbaut wurde, ist weit sichtbar und wird sehr gerne besucht und besichtigt. Vor der Küste von Mumbai, auf der Insel Elephanta befinden sich alte Höhlentempel, die dem Hindugott Shiva geweiht sind. Mumbai ist auch bekannt für seine historischen Kolonialgebäude der brit. Interpretation des Mogul-Baustils. Einige Baudenkmäler der Stadt, darunter der Chhatrapati Shivaji Terminus, die Höhle von Elephanta und die viktorianisch-gotischen und Art-deco-Gebäude-ensembles im Stadtzentrum stehen auf der UNESCO-Liste des Weltkulturerbes. Außerdem gilt Mumbai als das Zentrum der indischen Bollywood-Filmindustrie.

Am ersten Tag in Mumbai unternehmen wir eine geführte Bustour, die uns die wichtigsten Plätze der Stadt zeigt. Einen der wichtigsten Tempel, der außen und innen sehr schön erhalten wurde, schauen wir uns als Erstes an.

Darauf folgen die "Hängenden Gärten von Mumbai",
die über einer Zisterne gebaut wurden. Anschließend fährt
uns der Busfahrer zur bekanntesten Wäscherei in Mumbai,
in der die Wäsche von Hand gewaschen u. in der Sonne
getrocknet wird, die Arbeiten werden ausschließlich von
Männern durchgeführt. Es ist ein sehr beeindruckendes u.
farbenfrohen Bild, das sich dort bietet. Die Männer leben
und arbeiten direkt an einer Stelle, das Ganze erstreckt
sich über einen kompletten Ortsteil, der in einem Tal liegt.
Gandhis Wohnort und Arbeitsstätte wird als nächstes
besichtigt, er lebte mit seiner Ehefrau in der Zeit von
neunzehnhundertsiebzehn bis neunzehnhundertvierunddreißig in diesem Haus, das einem Freund von ihm gehörte.
Er hatte damals eine gut bestückte Bibliothek zur Verfügung,
ein sehr einfaches Schlaf- u. Arbeitszimmer in einem Raum,
in dem auch ein Spinnrad steht, weil er dieser handwerklichen
Tätigkeit gern nachgegangen ist. Das Leben und Wirken
Gandhis wird in diesem Haus eindrucksvoll u.a. in Wort
und Bild dargestellt. Für mich persönlich war dies ein
sehr ergreifendes Erlebnis in diesem Haus, in dem ein
so berühmter, intelligenter und dennoch sehr einfacher
Mensch lebte, der einen wichtigen Teil der Geschichte
Indiens schrieb. Bevor es wieder zum Schiff zurück geht,
schauen wir uns noch ein paar Gebäude und Kirchen an
und als Letztes im Hafen die indische Marine mit
U-Booten, Schnellbooten und Flugzeugträgern.

Den zweiten Tag in Mumbai starten wir mit dem Taxi
zum "Gateway of India", um alles noch einmal in Ruhe
betrachten zu können. Danach stand das wunderschöne,
exklusive und historische Hotel der Familie Tata auf dem
Programm. Dort fanden wir einen wunderschönen Pool,
viele noble Einkaufsläden, elegante Treppenhäuser, tolle
Zimmer und zum Schluss die Bars. Anschließend führte
der Weg in das neue und supermoderne Hotel der Familie.

Familie Tata ist eine der reichsten Familien in Indien, sie startete ihr Imperium mit Hotels, dann kam die Produktion von LKWs, Busse und PKWs hinzu, besitzt aber inzwischen auch Stahlhütten und weitere Industrien. Zur Elefanteninsel wollten wir mit dem Motorboot fahren, leider war Feiertag in Indien und keiner fuhr dort hin, dann hatten wir stattdessen eine große Hafenrundfahrt unternommen, die auch sehr schön und interessant war. Mit dem Taxi fuhren wir zur berühmten Szenekneipe "Leopold" in Mumbai, tranken dort ein paar große "Kingfisher" und erfreuten uns an dem bunten Treiben in dieser gemütlichen Kneipe, obwohl das Bier in etwa das zehnfache wie in einer herkömmlichen Kneipe kostete. Das waren die zwei schönen und vor allem lehrreichen Tage in Mumbai.

Am späten Abend legten wir ab und freuten uns auf die Überfahrt nach Dubai, aber zuvor gab es noch zwei Seetage zum Relaxen.

Das Wetter war perfekt in Dubai, als wir im Hafen anlegten, wir hatten strahlend blauen Himmel, ganz leichten Wind und angenehm warme Temperaturen.

Die Vereinigten Arabischen Emirate (VAE) haben rund zehn Millionen Einwohner und liegen auf der Arabischen Halbinsel. Die Bevölkerung lebt überwiegend im Gebiet am Persischen Golf. Der Staat besteht aus einer Föderation von sieben Emiraten. Die Hauptstadt ist Abu Dhabi, dort befindet sich die Scheich-Zayid-Moschee mit Kristallkronleuchtern und Platz für über vierzigtausend Gläubige.

In Dubai, der größten Stadt in den VAE mit über drei Millionen Einwohnern, steht der ultramoderne Burj Khalifa, mit einer Höhe von über achthundertdreißig Metern.

Dubai selbst ist eine Stadt und ein Emirat in den VAE.
Die Stadt ist für Luxusläden, ultramoderne Architektur und
ein pulsierendes Nachtleben bekannt. Dubai hat eine Skyline
aus super modernen Hochhäusern, wobei der Wolkenkratzer
Burj Khalifa deutlich dominiert. Vor dem Burj Khalifa befindet
sich die Dubai Fountain, deren Wasserstrahlen und Lichter zur
Musik eine Choreografie zeigen. Auf künstlichen Inseln vor
Dubai wurden gigantische Anlagen geschaffen, wie z.B.
Atlantis, The Palm, ein Resort mit einem Wasserpark und
einem Aquarium.

Am frühen Morgen wurden wir zu einer Wüstensafari
abgeholt und stiegen dazu in einen Luxusgeländewagen
mit allen erdenklichen Luxusausstattungen, es gab sogar
verkleidete Sturzbügel im Innenraum, der Motor hatte
knapp sechs Liter Hubraum auf acht Zylinder verteilt.
Unser Fahrer fuhr zunächst durch die Stadt und dann über
eine Stunde ins Landesinnere. Dann stoppte unser Fahrer
und auf einem Sandparkplatz in der Wüste und wir erhielten
eine kurze Einweisung. Der Fahrer ließ die Luft halb aus den
Reifen und schon ging es los. Wir hatten einen sehr sportlichen
Fahrer, der uns vorher aber fragte, ob er volles Tempo mit max.
Belastung und Drift in den Dünen und Kurven fahren dürfte.
Natürlich stimmten wir laut und freundlich zu. Unser Fahrer
gab sein Bestes, es machte viel Spaß und nach einer guten
halben Stunde landeten wir in einer kleinen Oase, sehr schön
ausgestattet mit orientalischen roten Teppichen und überdachten Sitzgelegenheiten. Auf dem Weg zur Oase sahen
wir sogar Antilopen. Es wurde Kaffee, Tee, Datteln, Feigen,
kleine Naschereien u. Erfrischungsgetränke aller Art gereicht.
Freiwillige konnten geführt auf einem Dromedar reiten. Auf
dem Rückweg bestaunte ich die Landschaft der Wüste, diese
fasziniert mich immer wieder, weil sie jedes Mal anders
ausschaut, die Farbe und die Eigenschaften des Sandes,
die Dünen, die Berge und das Gebirge, einfach herrlich.

Die Reifen wurden wieder mit Luft gefüllt
und ab ging es in Richtung Stadt, letztendlich zu
unserem schwimmenden Luxushotel, der Luminosa.

Am zweiten Tag mieteten wir uns ein Taxi und fuhren
zum Burj Khalifa in das berühmte Shopping Center
Dubai Mall, mit prachtvollen Läden, einem gigantischen
Aquarium, zwei riesigen Wasserfällen u. einem Eisstadion
mitten im Center. Ein Geschäft hatte keine Türen und war
umlaufend als Aquarium gebaut. Im Center gibt es einen
sehr großen Wasserfall, auf dem sich kopfüber metallene
Springer in das Wasser stürzen. Im Kaffeehaus Costa,
welches sich auch im Shopping Center befindet,
genossen wir einen großen Cappuccino und schauten
uns anschließend im Park u. bei den Wasserspielen um,
so wie den Burj Khalifa an. Die ganze Anlage war super-
modern und fantastisch schön.

Über Nacht ging es mit dem Schiff aus dem Persischen
Golf in den Golf von Oman und dort in den Hafen, bzw.
die Stadt Muskat, eine wichtige Stadt im Oman. Der Oman
wird von einem Sultan regiert, der im Land eine hohe Gleich-
berechtigung zwischen Männern und Frauen durchgesetzt
hat und sich auf das Leben nach dem Öl gut vorbereitet.
Der Sultan hat sieben Regierungs- u. Verwaltungszentren
im Land verteilt, eines ist in Muskat. Ebenso besitzt der
Sultan sieben sandfarbene private Jachten, zwei davon
stehen in Muskat. In Muskat besuchen wir das private
Museum Buit Al Albagh, das einen sehr ordentlichen
und gepflegten Eindruck bei uns hinterlässt. Danach
geht es zum Regierungs- und Verwaltungszentrum,
das u.a. den Reichtum des Landes gut wieder spiegelt,
die Gehwege sind aus poliertem Granit oder Marmor
und spiegeln sich komplett, weil der Belag mehrmals
täglich maschinell poliert wird.

Das Zentrum besteht aus einem Steueramt, Polizei, Verwaltung, Regierungsgebäuden, usw.. Für den Sultan und sein Gefolge wird in allen sieben Regierungs- und Verwaltungszentren täglich frisch vom Besten gekocht, weil er ja nur in einem essen kann, werden die Speisen in den übrigen sechs Zentren unter den Mitarbeitern gratis zum Verzehr gereicht. Eine Mosche besichtigen wir als Nächstes, und zwar die größte im Oman, diese besitzt fünf Minaretten. Mit dem Bus fahren wir anschließend durch die Stadt und betrachten diese, als Letztes wird der alte historische Markt von Muskat besucht.

Über die Stadt Muskat waren wir sehr erstaunt, weil alles so sauber war, die Straßen gut erhalten, die Gebäude perfekt in Ordnung. Was noch zu erwähnen ist, Muskat besitzt eine wunderschöne Hafeneinfahrt. Im Oman haben wir viel über das Land und die Leute erfahren, zumal die Reiseleiter des Omans in einem perfekten Deutsch sprachen, obwohl sie alle aus dem afrikanischen Kontinent stammen und Deutschland, in der Regel, noch nie gesehen hatten.

Nach einem Seetag, immer parallel zur Küste des Omans Richtung Süden, sind wir am übernächsten Morgen im Hafen von Olalah eingefahren. Heute wollen wir uns etwas ausruhen und einen gemütlichen Strandtag im Hotel Hilton verbringen. Natürlich könnte man diesen Tag auch über das Schiff buchen und alles wird organisiert. Aber wir wollen Geld sparen und was erleben, deshalb organisieren wir diesen Tag selber.

Nach harten Verhandlungen haben wir ein Taxi zum Hotel Hilton und zurück bekommen, es gibt zwar große Preisschilder mit sehr günstigen Taxitarifen, aber daran hält sich hier keiner. Die Taxis sind extrem teuer, wir starteten mehrfach mit hundertzwanzig Euro für die Fahrt, zweimal fünf Minuten.

Nach über einer Stunde zähen Verhandlungen in der prallen Sonne, hatte ich dann vierzig Dollar ausgehandelt. Leider gibt es nur diese Taxis zum Transport und das wissen auch die Unternehmer, so entstehen die extrem hohen Preise, das System Angebot und Nachfrage hatten sie hier schnell verstanden und umgesetzt. Trotzdem erlebten wir einen wunderschönen Tag im Hotel Hilton, die Anlage ist sehr schön und gepflegt, nur der Weg über den Strand zum Meer ist extrem lang. Das stört mich nicht, aber viele Gäste im Hotel bemängelten dies.

Interessant waren die Sicherheitsmaßnahmen die auf der Luminosa getroffen wurden, als wir im Arabischen Meer auf der Höhe von Pakistan, dem Iran, im Golf von Oman, dem Persischen Golf, um den Oman in den Golf von Aden und die Meerenge zum Roten Meer bis nach Mekka im Roten Meer fuhren. Es wurden Wasserwerfer um das ganze Schiff auf dem Deck der Rettungsboote installiert, um mit dessen Strahl Piraten beim Begehen des Schiffes zu behindern oder besser sogar zu verhindern. Des Weiteren wurden Tag und Nacht doppelte Wachen rund um das Schiff eingesetzt, die u.a. auch mit Nachtsichtgeräten ausgestattet waren. Die Außenbeleuchtung des Schiffes, soweit es nicht maritim erforderlich war, wurde nachts ausgeschaltet und alle Außenfenster des Schiffes wurden abgedunkelt, z.B. durch Vorhänge. Die Ein- und Ausblasschächte der Be- und Entlüftungsanlagen wurden zusätzlich mit feinen Filtermatten abgedeckt.

In vier Tagen fuhren wir durch das Arabische Meer in den Golf von Aden, weiter durch das Rote Meer bis Jordanien, in den Hafen von Aqaba. In Jordanien sahen wir das, im Weltkulturerbe geschützte, Schatzhaus von Petra, die Tempel und dessen römische Gräber, so wie das römische Amphitheater.

Ergänzt wird das Ganze noch durch eine wunderschöne Rundfahrt auf dem Weg nach und von Petra. Immer wieder sind wir restlos begeistert von der Anlage, obwohl wir schon dreimal dort waren. Das klare warme Licht in Petra, die tiefen Schluchten mit ihren rötlichen Felsen, dazu die vielen historischen Stätten, das ist schon einzigartig und auf jeden Fall sehens- und schützenswert.

Mittagessen gab es im Hotel Petra, das ein Teil der Anlage, im vorderen Bereich, darstellt. Die Einrichtung des Hauses war schön und das Essen gut, so waren alle sehr zufrieden. Die felsige Landschaft in Jordanien um Petra ist ebenso einzigartig, beeindruckend, wunderschön und sehenswert.

Nach Aqaba fahren wir durch den Golf von Aqaba, umfahren die Halbinsel Sinai und steuern in den Golf von Suez bis nach Suez, dort gehen die Schiffe vor Anker und warten bis der nächste Konvoi der Schiffe gebildet wird, um dann in diesem Konvoi aus Schlepper, Schiff, Schlepper, Schiff ... den Suezkanal in Ägypten zu durchfahren. Auch die dritte Durchfahrt des Suezkanals ist für uns immer noch spektakulär, um zu sehen wie sich die mega Schiffe scheinbar durch den Wüstensand graben. Die herrlichen Wüstenlandschaften und die orientalischen Städte am Kanal begeistern jedes Mal aufs Neue. Der Suezkanal wird vom ägyptischen Militär durchgängig gut bewacht, sicherlich sinnvoll, wenn man die gewaltigen Einnahmen durch den Schiffsverkehr des Kanals betrachtet. Es ist so ergreifend für mich, dass ich den ganzen Tag auf Deck bleibe und mir alles anschaue. Nachts ist der Himmel in der Wüste sehr klar und die Sterne oder der Mond sind sehr gut zu sehen. Der Suezkanal kann nur teilweise zweispurig befahren werden, unter anderem werden deshalb die Konvois gebildet, so dass die Schiffe mit einem Mal, ohne anzuhalten und mit gleichmäßiger Geschwindigkeit diesen Kanal durchfahren können.

Der Kanal wechselt oft sein Bild, durch feste Bebauung, weitläufige Flächen und Seen, ja sogar Inseln sind enthalten oder eben ein enger geführten Kanal. In Port Said führt uns der Kanal dann in das Mittelmeer.

Nach drei weiteren Seetagen legen wir im Hafen von Heraklion in Griechenland auf der Insel Kreta an. Mit einem Spaziergang in die Fußgängerzone der Stadt gestalten wir diesen Tag, sitzen ein wenig an einem schönen Brunnen und schauen uns die Festungsanlage auf der Felseninsel an. Ansonsten genießen wir die griechische Sonne auf Kreta.

Nun sind wir wieder im Mittelmeer, wo wir Anfang Januar unsere Reise gestartet hatten, um dem kalten Winter in Deutschland für ein Jahr zu entfliehen und mit dem Kreuzfahrtschiff eine Weltreise einmal um die Erde zu unternehmen, um unseren schönen blauen Planeten sehen / erleben zu dürfen.

Vor Rom fand ein ganz großer Galaabend zur Verabschiedung auf der Costa Luminosa statt, alle feierten mit dem Kapitän und der ganzen Besatzung. Im Theater gab es eine ganz tolle Abschiedsaufführung, mit einer ergreifenden Rede vom Kapitän und den wichtigsten Offizieren aus allen Bereichen, so wie eine schöne Abschiedsshow der Crew. Die meisten Gäste waren den Tränen nahe, oder mussten weinen, weil nun klar war, dass die wunderschöne Zeit auf der Weltreise, auf dem Kreuzfahrtschiff Luminosa, zu Ende ging.

Am letzten Tag hatten wir Zeit um Rom zu besuchen, darüber muss ich nicht viel berichten, denn Rom ist im Grunde sehr bekannt und das Herzstück der Italiener. Wir schlenderten durch die Stadt, schauten uns u.a. den Trevi Brunnen an. Am nächsten Tag endete unsere Weltreise im italienischen Zielhafen und der Bus fuhr uns nach Hause.

Widmung

Dieses Buch entstand, um auf einer Weltreise mit
einem Kreuzfahrtschiff über unseren schönen blauen
Planeten zu berichten und die schöne Welt zu zeigen.

Dieses Buch widme ich all denen die gerne reisen
und immer neugierig auf unsere schöne Welt sind.

Es wurde viel Freizeit gewidmet, die nötig war um dieses
Buch zu erstellen, deshalb geht ein großes Dankeschön
an meine kleine Familie und unseren Freunden.

Ein herzliches und liebes Dankeschön an Yvonne,
die mich durch ihre Wissbegierde und manche Anmerkung
motiviert das Schreiben fortzuführen und zweckdienliche
Hinweise einbringt.

Veröffentlichte Bücher von Wolfgang Pade